涉外培训教材系列丛书

中国农业发展概况

ZHONGGUO NONGYE FAZHAN GAIKUANG

（第二版）

农业农村部国际交流服务中心　编著

中国农业出版社
北　京

《中国农业发展概况》（第二版）
编 委 会

前　言

中国是一个农业古国，更是一个农业大国。中国用占世界9％的耕地解决了占世界近20％人口的温饱问题，是世界农业发展历史中的伟大奇迹。21世纪以来，中国工业化、城镇化进程加速，中国农业和农村也取得了重大成就。当前，身处日益复杂的国内外大环境，中国农业发展迎来了更多的机遇，但同时在解决自然资源压力和生态环境问题、保障农业增产和粮食安全、促进农民增收等方面，中国农业发展也面临着较大的压力和挑战。

作为一本对外培训的教材类参考书，本书立足于中国，放眼于世界，力求以通俗易懂的语言展示中国农业发展成就、描绘近年来的发展历程，以期让读者形成中国农业发展全貌印象。从具体内容看，本书共包括九个章节，其中第一章为中国农业与农村发展整体概况，第二章至第九章分别从中国农业生产经营主体、农业生产现状、农产品流通与贸易、农业科技、农村产业、粮食安全、农业政策以及农业国际合作八个方面，通过数据、图表和文字解析等展示了改革开放以来中国的农业、农村和农民在生产、生活等方面的变迁及发展现状。

《中国农业发展概况（第二版）》是在2018年第一版的基础上进行的修订和完善。相较于上一版本，本次修订主要有以下四大特点：第一，在主旨上，本次修订牢牢把握了在全面建设社会主义现代化国家新阶段中国"三农"发展脉络，紧密围绕习近平总书记关于"三农"工作的重要论述，重点突出了党的十八大以来中国农业的改革进展和深化方向，例如打赢脱贫攻坚战、巩固脱贫攻坚成果，实施种业振兴战略、乡村振兴战略，加快农业农村现代化等。第二，在结构上，本次修订结合中国农业发展新形势对原框架结构进行了部分调整。例如，将原来的"中国农村工业发展"调整为"中国农村产业"，将重点放在了农产品加工业、乡村休闲旅游业、乡村新型服务业以及乡村创新创业等方面，体现乡村一二三产业融合发展的要求。第三，在内容上，本次修订紧密联系"十二五""十三五"时期中国农业取得的重大成就，结合"十四五"以及今后时期的主要目标、重要任务和重大措施展开论述，并对前后累述的部分进行了拆分和调整。例如，在农业生产现状部分补充和细化了畜牧业、林业和渔业的发展情况；在农业经营主体和农业科技部分补充了农业经营体系建设、职业农民技能教育等。第四，在数据上，本次修订除了更新原数据、订正错误数据，删除了部分不再具有代表性的数据，还补充了其他权威代表性数据，进一步丰富和严谨了行文。数据主要来源于公开数据库、官方统计公报、权威统计年鉴以及其他相关的政策文件、发展规划、官方新闻报道、高质量期刊文献等。

本书可作为农业相关领域专业学生的参考教材，同时也适合对中国农业农村及农民发展问题感兴趣的各界人士阅读。当前中国农业现代化已经跃升至转型跨越阶段，加快建设农业强国正当其时，中国农业变化发展日新月异。在本教材的编写过程中，编者们精益求精，力求能够对中国"三农"问题进行广泛的讨论，在数据和内容上尽量做到精准及时，但由于篇幅有限、水平和经验不足，难免出现纰漏，恳请读者批评指正！

目　录

第一章 中国农业与农村发展

中国的全称是中华人民共和国，位于北半球，在亚洲的东部，太平洋的西岸，东南面向海洋，西北伸向内陆，有漫长的海岸线。中国是一个农业历史悠久的国家，农业在整个国民经济中占有重要的地位。自 1949 年新中国成立后，尤其是改革开放以来，农业发展迅速，用占全球 9% 的耕地、6% 的淡水资源，养活了全球近 1/5 的人口，取得了令世人瞩目的成就。

第一节 中国农业生产自然资源条件

一、地形条件

中国是一个多山的国家，山地和高原所占面积很大。地势西高东低，自西向东形成三大阶梯下降。第一级阶梯是青藏高原，高原面海拔多在 4 000～5 000 米，其上耸峙多座海拔超出 7 000 米、甚至 8 000 米的山峰，享有"世界屋脊"之称。第二级阶梯是青藏高原的北缘与东缘到大兴安岭、太行山、巫山、雪峰山之间，包括了若干高原和盆地，盆地底部高低不一，高原面海拔多在 1 000～2 000 米。第三级阶梯是更东的低山丘陵和大平原，山丘海拔多在 1 000 米以下，平原一般不超过

200米①，分布着东北平原、华北平原和长江中下游平原，是中国最重要的农业区（表1-1）。

表1-1 中国三大平原、四大高原和四川盆地基本情况

类型	名称	地理位置	面积（平方公里）	涉及省（自治区、直辖市）
三大平原	东北平原	40°25′N—48°40′N 118°40′E—128°E	35万	黑龙江省、吉林省、辽宁省和内蒙古自治区
	华北平原	32°N—40°N 114°E—121°E	30万	北京市、天津市、河北省、山东省、河南省、安徽省和江苏省
	长江中下游平原	110°E—120°E 28°N—33°N	20万	上海市、浙江省、湖南省、湖北省、江西省、安徽省和江苏省
四大高原	云贵高原	100°E—110°E 23°N—27°N	30万	贵州省、云南省、广西壮族自治区、四川省、湖南省和湖北省
	青藏高原	26°00′12″N—39°46′50″N 73°18′52″E—104°46′59″E	中国境内257万	西藏自治区、青海省、四川省、云南省、新疆维吾尔自治区和甘肃省
	黄土高原	34°N—40°N 103°E—114°E	62万	山西省、陕西省、河南省、甘肃省、青海省、宁夏回族自治区和内蒙古自治区
	内蒙古高原	40°20′N—50°50′N 106°E—121°40′E	34万	内蒙古自治区、甘肃省和宁夏回族自治区
盆地	四川盆地	28°N—32°N 103°E—107°E	26万	四川省、重庆市、云南省和贵州省

────────

① 中国科学院地理科学与资源研究所．中国地貌 [EB/OL]．http：//www.igsnrr. cas. cn/cbkx/kpyd/zgdl/cndm/202009/t20200910_5692389.html.

二、气候条件

中国地域辽阔，受地形地貌和季风环流影响，既有热带、亚热带和温带季风气候，也有温带大陆性、高原山地和海洋性季风气候。由东南沿海向西北内陆，水热条件空间分异明显：青藏高原为高寒气候，热量不足；青藏高原以东地区为海洋性季风气候，雨热同期；青藏高原以北地区为干旱气候，降雨稀少。中国大部分地区位于中纬度地带，太阳辐射资源丰富，分布规律是从东向西逐渐增大，年辐射量最大的是青藏高原（212.3～252.1瓦/平方米）。中国大部分地区属于温带和亚热带，南方热量资源比较丰富，自南向北逐渐减少。温度过高或过低一般均不适宜农作物生长（表1-2）。

表1-2 中国不同气候带分布情况

气候带	占比（%）	主要区域	耕作制度
寒温带	1.2	黑龙江省北部及内蒙古北部	一年一熟
中温带	25.9	东北平原	一年一熟
暖温带	18.5	华北平原	一年一熟至两年三熟
亚热带	26.1	长江流域及以南	一年两熟至三熟
热带	1.6	南岭以南	农作物可四季生长，稻作一年可三熟
赤道带	0.01	南沙群岛	一般不适宜农作物生产

注：青藏高原还可以进一步划分为高原亚寒带和高原温带。

三、土地资源条件

(一)中国土地资源概况

中国土地资源的基本特点是：绝对数量大，人均占有少；山地多，平原少，类型复杂多样，耕地与林地所占比例小；利用情况复杂，生产力地区差异明显；各类土地资源地区分布不均，耕地主要集中在东部季风区的平原和盆地地区，林地多集中在东北、西南和东南山区，草地多分布在内陆高原和山区。

（二）中国的耕地资源

根据第三次全国国土调查数据（表1-3），截至2019年年末，全国耕地 12 786.19 万公顷。其中，水田 3 139.20 万公顷，占 24.55%；水浇地 3 211.48 万公顷，占 25.12%；旱地 6 435.51 万公顷，占 50.33%；其中，64% 的耕地分布在秦岭-淮河线以北，黑龙江、内蒙古、河南、吉林、新疆5 个省份耕地面积较大，占全国耕地的 40%[①]。中国耕地相对集中在东北平原、华北平原、长江中下游平原、珠江三角洲和四川盆地。东北平原大部分是黑色沃土，生产小麦、玉米、高粱、大豆、亚麻和甜菜等。华北平原大多是褐色土壤，农作物有小麦、玉米、谷子、高粱、棉花、花生等。长江中下游平原生产水稻、柑橘、油菜等。四川盆地盛产水稻、油菜、甘蔗、茶叶、柑橘、柚子等。

表1-3 中国耕地分布及分类情况

分布及分类		面积（万公顷）	占总量比重（%）
按熟制分	一年三熟制地区	1 882.91	14.73
	一年两熟制地区	4 782.66	37.40
	一年一熟制地区	6 120.62	47.87

---

① 自然资源部.第三次全国国土调查主要数据公报［EB/OL］. http://www.mnr.gov.cn/dt/ywbb/202108/t20210826_2678340.html.

（续）

分布及分类		面积（万公顷）	占总量比重（%）
按坡度分	2°以下	7 919.03	61.93
	2°～6°	1 959.32	15.32
	6°～15°	1 712.64	13.40
	15°～25°	772.68	6.04
	25°以上	422.52	3.31

资料来源：自然资源部．第三次全国国土调查主要数据公报［EB/OL］. http://www.mnr.gov.cn/dt/ywbb/202108/t20210826_2678340.html.

四、水资源条件

2021 年，全国水资源总量为 29 638.2 亿立方米，其中，地表水资源量为 28 310.5 亿立方米，地下水资源量为 8 195.7 亿立方米，地下水与地表水资源不重复量为 1 327.7 亿立方米[1]（表 1-4），但中国的人均水资源占有量并不高，2021 年人均水资源量只有 2 099.35 立方米，约为世界人均水平的 1/4。

中国是世界上河流和湖泊数量最多的国家之一，由于中国的主要河流多发源于青藏高原，落差很大，因此水能资源丰富，中国江河水能理论蕴藏量 6.94 亿千瓦、年理论发电量 6.08 万亿千瓦时，水能理论蕴藏量居世界第一位[2]。但中国水能资源的地区分布很不平衡，近 75% 分布在西南地区。按河流统计，以长江水系为最多，占全国的近 38%，其次是雅

---

① 水利部．2021 年中国水资源公报［EB/OL］. http://www.mwr.gov.cn/sj/tjgb/szygb/202206/t20220615_1579315.html.

② 九江市水利局．水能基本知识［EB/OL］. http://slj.jiujiang.gov.cn/zwgk_224/hygq/zdhy/201712/t20171201_2965083.html.

鲁藏布江水系，黄河水系和珠江水系也有较多的水能蕴藏量。

表 1-4　2021 年水资源一级区水资源总量

水资源一级区	水资源总量（亿立方米）	比例（%）
全国	29 638.2	100
北方 6 区	7 460.1	25.17
南方 4 区	22 178.1	74.83
其中长江区	11 186.2	37.74

资料来源：水利部.2021 年中国水资源公报［EB/OL］.http：//www.mwr.gov.cn/sj/tjgb/szygb/202206/t20220615_1579315.html.

第二节　中国农业经济概况

中国经济从 1978 年到 2011 年，在长达 32 年的时间里保持了年均 9.78% 的高速增长。2012 年以来中国经济发展步入新常态，经济由高速增长向中高速增长转换，国内生产总值增速有所下降，但 2013—2021 年，中国国内生产总值年均增长仍保持在 6.6%。GDP 总量先后超越意、英、法、德、日，目前已成为世界第二大经济体。

2021 年，国内生产总值 114.92 万亿元，较 2020 年增长 8.4%；其中，第一产业增加值 8.32 万亿元，比 2020 年增长 7.1%；第二产业增加值 45.2 万亿元，增长 8.7%；第三产业增加值 61.4 万亿元，增长 8.5%[①]；第二产业增加值

---

① 三次产业分类依据国家统计局 2018 年修订的《三次产业划分规定》。第一产业包括农、林、牧、渔业；第二产业包括采矿业、制造业、电力热力燃气及水生产和供应业、建筑业；第三产业（服务业）包括农林牧渔专业及辅助性活动、开采专业级辅助性活动、批发和零售业、交通运输仓储和邮政业、信息传输软件和信息技术服务业、金融业、房地产业、租赁和商务服务业、文化、教育、卫生等。

占国内生产总值比重为 39.3%，第三产业增加值比重为
53.5%[①]。随着中国经济的持续发展，虽然农业在国内生产
总值的比重不断下降，但农业仍然是国民经济的基础和重要
保障，为工业、服务业等其他产业提供了重要的原材料和劳
动力要素（表 1-5）。2021 年，农林牧渔业总产值 14.7 万
亿元，包括农业总产值 7.83 万亿元，林业总产值 0.65 万亿
元，牧业总产值 4 万亿元，渔业总产值 1.45 万亿元，农林
牧渔专业级辅助性活动产值 0.77 万亿元。

表 1-5 农业在中国国民经济中的地位（%）

主要指标	1990 年	1995 年	2000 年	2005 年	2010 年	2015 年	2020 年
第一产业增加值占 GDP 的比重	26.6	19.6	14.7	11.6	9.3	8.4	7.7
第一产业从业人数占总从业人数比重	60.1	52.2	50.0	44.8	36.7	28.1	23.6
农产品进口额占进口总额的比重	16.10	9.30	5.00	4.35	5.20	6.96	8.27
农产品出口额占出口总额的比重	17.20	9.40	6.30	3.62	3.13	3.11	2.94

资料来源：国家统计局；历年农业农村部《我国农产品贸易情况》。

第三节 中国农业生产概况

一、农业基础设施条件

中国政府高度重视农业基础设施建设。第一，实施农

---

① 数据来源：国家统计局. https://data.stats.gov.cn；另，下文没有特别
说明的数据均来源于国家统计局。

田基本设施建设项目，大力改造中低产田，农田有效灌溉面积进一步增加，农业防灾减灾能力得到增强。截至 2020 年，中国水库数达到 98 566 座，农田有效灌溉面积达到 6 916.05 万公顷，耕地实际灌溉亩均用水量 356 立方米，全国农田灌溉水有效利用系数达到 0.565，与 2015 年相比升高 0.03[①]，节水灌溉面积达到 3 780 万公顷[②]。第二，实施优质粮食产业工程、大型灌溉区节水改造等工程项目，优化农产品品种和品质结构。例如，"十三五"期间[③]安排 329 处大型灌区和新疆南部 52 处重点中型灌区的配套节水改造，新增、恢复有效灌溉面积 44 万多公顷，改善灌溉面积 600 多万公顷，大型灌区灌溉水利用系数提高到 0.513，新增年节水能力 260 亿立方米，新增粮食生产能力近 50 亿千克[④]。第三，实施农村沼气、草原建设与保护、沃土工程、农业旱作节水等项目建设，改善农业的生态环境。例如，"十三五"期间我国重点在西北旱作农业区建设库、坝、塘、窖等集水、蓄水补灌设施，实施坡改梯、坡耕地及沟地治理，配套小微设施集雨贮水和截流蓄水设施，发展集雨补灌水肥一体化[⑤]。第四，实施农业科研基础设施和科技入户等项目，增强农业科技创新和应用水平。中国

---

① 水利部. 2021 年中国水资源公报［EB/OL］. http：//www. mwr. gov. cn/sj/tjgb/szygb/202206/t20220615_1579315. html.

② 中国政府网. 我国节水灌溉面积达到 5.67 亿亩［EB/OL］. http：//www. gov. cn/xinwen/2021－07/03/content_5622261. htm.

③ "十三五"期间指 2016—2020 年，下同。

④ 水利部. 2020 年农村水利水电工作年度报告［EB/OL］. http：//mwr. gov. cn/sj/tjgb/ncslsdnb/202111/t20211119_1552021. html.

⑤ 农业部. 农业部关于印发《西北旱区农牧业可持续发展规划（2016—2020年）》的通知［EB/OL］. http：//www. moa. gov. cn/nybgb/2016/disanqi/201711/t20171127_5920161. htm.

农业科技进步贡献率从 2012 年的 54.5％提高到 2021 年的 61.5％，其中"十三五"时期提高了 4.7 个百分点①，中国农业科技整体水平已从世界第二方阵跨入第一方阵②。第五，实施农作物、畜禽和水产等良种项目建设，种质资源保护和开发利用、良种繁育与推广以及种子质量检验检测条件和设施等方面得到强化。中国通过农业基础设施条件的改善，大大提高了农业的综合生产能力。2020 年农作物良种覆盖率达 96％以上，自主选育品种面积占比超过 95％③。

二、农业机械化水平

近年来，中国在提高农业机械化水平方面做了许多努力，中国农业机械化快速发展。第一，提高农机装备总量，优化装备结构，农业机械化水平不断提高。截至 2020 年，中国农业机械总动力达到 10.56 亿千瓦，较"十二五"④ 末增长 17.07％；拖拉机拥有量 2 204.88 万台，其中 80 马力⑤以上拖拉机拥有量 143.66 万台，拖拉机配套农具 4 024.08 万台。第二，提高农机作业水平，不断扩大农业机械化新技术推广应用规模。主要农作物生产机具继续较快增长，免耕播种机、精量播种机、水稻插秧机拥有量分别达到 106.86 万台、413.43 万台、95.33 万台，机动植保机械 628.27 万台，

① 农业农村部 . 2020 年我国农业科技进步贡献率达 60.7％［EB/OL］. http：//www. moa. gov. cn/xw/shipin/202111/t20211123_6382809. htm.
② 农业农村部 . 农业科技进步贡献率 10 年提升 7 个百分点——科技兴农开花结果［EB/OL］. http://www. kjs. moa. gov. cn/gzdt/202208/t20220819_6407317. htm.
③ 中国政府网 . 我国农作物良种覆盖率达 96％以上［EB/OL］. http：//www. gov. cn/xinwen/2020－12/17/content_5570437. htm.
④ "十二五"期间指 2011—2015 年，下同。
⑤ 马力为非法定计量单位，1 马力≈0.735 千瓦。——编者注

稻麦联合收割机、玉米联合收割机、大豆收获机拥有量分别达 160.66 万台、58.85 万台、2.24 万台，干燥机械 34.99 万台，植保无人驾驶航空器 70 779 架，温室 1 872 616.4 万平方米。农产品初加工作业机械、畜牧机械、水产机械持续稳定增长，拥有量分别达到 1 571.99 万台、811 万台、479.5 万台。第三，扶持农机服务组织，不断扩展和完善农机社会化服务体系。农机服务组织包括农机大户、农机合作社、农机专业协会、股份（合作）制农机作业公司等。2020 年，全国共有农机服务组织 19.48 万个，其中农机专业合作社 7.5 万个；农机户 3 995.44 万个、4 751.78 万人，其中农机作业服务专业户 420.6 万个、588.75 万人。全国乡镇农机从业人员 4 966.1 万人。农机维修厂及维修点 15.55 万个，农机维修人员 90 万人。农机服务收入 4 781.48 亿元，其中农机作业服务收入 3 615.03 亿元[①]。

三、农业生产经营主体

在中国，以家庭为单元的农户是农业生产经营的主体。近年来，随着中国城镇化进程的加快和农业产业化的发展，涌现出一大批农业专业合作组织、农业龙头企业、家庭农场等新型农业经营主体。

农民专业合作社。截至 2020 年 6 月底，全国登记注册的农民合作社达 221.8 万家，约是 2015 年年底的 1.45 倍；截至 2019 年年底，全国县级及以上示范社达 15.7 万家，占农民合作社总数的 8%，其中国家级示范社 0.8 万家，社均

---

① 农业农村部 . 2020 年全国农业机械化发展统计公报［EB/OL］. http：//www. njhs. moa. gov. cn/nyjxhqk/202109/t20210908_6376013. htm.

带动成员数远高于全国平均水平，入社成员年收入比非成员农户高出 31.7%①。

农业龙头企业。 截至 2020 年，全国县级以上农业产业化主管部门认定的龙头企业超过 9 万家，其中国家重点龙头企业 1 547 家，省级以上近 1.8 万家，市级以上近 6 万家，培育农业产业化联合体 7 000 多个，初步形成国家、省、市、县四级联动的乡村产业"新雁阵"②。

家庭农场等专业大户。 截至 2019 年年底，全国家庭农场由 34.3 万个增加到 85.3 万个，与 2015 年相比约增长 1.5 倍；2015—2019 年，全国家庭农场经营土地面积由 0.52 亿亩增长到 1.85 亿亩，约增长 2.6 倍，其中，家庭农场经营耕地由 4 310.9 万亩增长到 9 524.1 万亩，约增长 1.2 倍③。

四、种植业和畜牧业

种植业是农业最重要的生产部门，中国政府高度重视种植业生产。2020 年，中国粮食总产量达到 68 285 万吨。粮食产量的增长为保障国家粮食安全奠定了坚实的基础。同时，在国际市场供求行情和国内需求不断变化的情况下，棉花、油料、糖料等主要经济作物产量保持稳定。2020 年，中国棉花总产量为 591.05 万吨，油料总产量为 3 586.4 万

---

① 农业农村部. 农业现代化辉煌五年系列宣传之二十一：农民合作社实现规范提升 [EB/OL]. http://www.ghs.moa.gn/ghgl/202106/t20210617_6369793.htm.

② 农业农村部. 2020 年农业产业化龙头企业 100 强和专项 10 强名单发布 [EB/OL]. http://www.xccys.moa.gn/nycyh/202104/t20210426_6366634.htm.

③ 农业农村部. 农业现代化辉煌五年系列宣传之二十：家庭农场加快培育 [EB/OL]. http://www.ghs.moa.gn/ghgl/202106/t20210615_6369594.htm.

吨，糖料总产量为 12 014 万吨，为保证国内农产品供求稳定提供了重要支撑。

随着中国居民饮食结构的调整，畜牧业在农业中的地位和作用也日益凸显。2020 年，全国肉类总产量为 7 748.38 万吨，其中猪肉、牛肉、羊肉产量分别为 4 113.33 万吨、672.45 万吨和 492.31 万吨，总体保持增长态势。此外，水产品产量也实现连续多年增长，2020 年达到 6 549.02 万吨，其中，养殖水产品产量 5 224.20 万吨，捕捞水产品产量 1 324.82 万吨，为满足中国居民的饮食结构调整提供了有力保障[①]。

五、农产品加工业

近年来，中国农产品加工业有了长足发展。2020 年，农产品加工业营业收入约 23.5 万亿元，规模以上农产品加工企业超过 8.1 万家；加工转化率提升到 68%，比 2015 年提升 3 个百分点；农产品加工业与农业总产值比提升到 2.4：1，比 2015 年提高 11.1%[②]。当前科技对农产品加工业发展的贡献率已达到 63%。"十三五"时期，科技为中国农产品加工业稳定发展提供了强有力的支撑。中国在生鲜农产品动态保鲜与冷链物流、产地初加工、小麦制粉、低温榨油等方面取得了一系列技术突破，制粉、榨油、榨汁、畜禽屠宰分割等关键核心装备实现从依靠引进向自主制造转变，自主创新

---

① 农业农村部.2020 年全国渔业经济统计公报［EB/OL］. http：//www.yyj. moa. gov. cn/gzdt/202107/t20210728_6372958. htm.

② 农业农村部.农业现代化辉煌五年系列宣传之十六："四链"结合 农产品加工业高质量发展［EB/OL］. http：//www. ghs. moa. gov. cn/ghgl/202106/t20210604_6369044. htm.

能力明显增强①。

优化调整产业结构。随着消费观念和生活习惯的转变，中国居民对营养健康、方便快捷食品的需求日渐增强，越来越多的农产品加工企业积极调整产品结构，满足消费升级。据 Euromonitor 数据统计，截至 2021 年中国市场规模为485.36 亿美元，占全球市场的 17.76%，位列第二。预计到2025 年，中国消费者保健品行业规模有望达到 624.01 亿美元，且保持超 6% 的行业增长水平，持续向好发展②。以马铃薯为例，2015 年中国启动了马铃薯主粮化战略，大力推动马铃薯由副食消费向主食消费转变，由原料产品向产业化系列制成品转变，积极研发相关主食产品，开发出适合国人消费习惯的添加马铃薯全粉的馒头、面条、米粉等主食产品，提高了产品的营养成分。

推进各产业融合发展。农产品加工企业立足自身优势，因地制宜采取多种模式链接第一产业和第三产业。订单农业、观光农业等生产模式推广范围不断扩大，将农户、加工企业、经销商等有机结合。2021 年，超过 100 万农户通过网络销售农产品，50 多万农户开展了休闲农业和乡村旅游，为农业提质增效、农民增收创收、农村发展创新等提供了澎湃动力③。

"互联网十"模式兴起。随着"互联网十"概念的兴起，农产品加工企业积极运用云计算、大数据等新技术，将互联

① 中国政府网. 2020 年我国农产品加工业营业收入超过 23.2 万亿元〔EB/OL〕. http://www.gov.cn/xinwen/2021-03/25/content_5595481.htm.
② 澎湃网. 全球保健品市场超 2 700 亿美元，我国市场规模占比超 17%〔EB/OL〕. https://www.thepaper.cn/newsDetail_forward_18035254.
③ 国家乡村振兴局. 农业发展成就显著 乡村美丽宜业宜居——党的十八大以来经济社会发展成就系列报告〔EB/OL〕. https://nrra.gov.cn/art/2022/9/20/art_624_196757.html.

网与传统农产品加工行业、线上线下营销渠道进行深度有机结合，开辟新的销售渠道。根据商务部发布数据，2021 年中国农产品网络零售额为 4 221 亿元，农村网络零售额为 20 500 亿元，连续 6 年稳步增长。目前，农产品电商已成为不少地区县域经济发展的新引擎。数据显示，2021 年，中国新建或改造县级综合商贸服务中心 834 个、乡镇商贸中心 1 858 个、村级便民商店 3.69 万个，农村网商网店超过 1 632 万家。截至 2021 年 9 月，淘宝村达 7 023 个，淘宝镇达 1 598 个。2021 年上半年，农村地区快递收投量超 200 亿件，相当于每天有超 1 亿件包裹在农村进出。2021 年中国农产品物流额首次达到 5 万亿元，农产品电商的发展逐渐由"数字农业"向"数字农产品"转型。多样的创新型模式正在农产品电商领域遍地开花，各类互联网平台旗下的社区团购、网络直播、"品牌＋"等新模式不断迭代①。

六、休闲农业

随着中国经济发展和城镇化进程的推进，休闲农业进入快速发展新阶段，中国政府在"十三五"发展规划和中央 1 号文件中多次提及促进休闲农业发展，大部分省份还编制了休闲农业的"十三五"发展规划。2018 年农业农村部实施《中共中央　国务院关于实施乡村振兴战略的意见》关于"实施休闲农业和乡村旅游精品工程"的决策部署，开展休闲农业和乡村旅游升级行动，促进农业高质量发展，加快培育乡村发展新动能。

---

① 商务部．农产品电商：为乡村振兴"加把火"［EB/OL］. https：//dzswgf. mofcom. gov. cn/news/43/2022/5/1651891927438. html.

根据农业农村部数据，截至 2019 年年底，中国共有休闲农业与乡村旅游经营单位超过 290 万家，全国休闲农庄、观光农园等各类休闲农业经营主体达到 30 多万家，7 300 多家农民合作社进军休闲农业和乡村旅游；休闲农业接待游客 32 亿人次，营业收入超过 8 500 亿元[①]。中国目前共有国家级休闲农业与乡村旅游示范县 389 个，国家级休闲农业与乡村旅游示范点 641 个[②]。

第四节 中国农产品流通与贸易概况

一、农产品流通概况

中国农产品流通主体包括农民经纪人、农民专业合作社和专业协会、农业龙头企业等。目前，中国农民经纪人队伍已达 600 万人，主要从事农产品流通、科技、信息等一系列中介服务活动，在组织引导农民进入流通领域方面发挥了重要作用。

中国的农产品流通市场体系包括农贸市场、农产品批发市场、农产品期货市场等。农贸市场以农产品零售为主，将国有商业、国有工业企业、乡镇企业以及个体户等不同类型的经济主体融入其中，对搞活中国农产品流通市场，促进农产品贸易发挥了重要作用；而农产品批发市场则以农产品批发为主，为农产品供需双方集中进行交易提供平台。自 2015 年《全国农产品产地市场发展纲要》发布以来，农产

---

① 中国食品报网.休闲农业和乡村旅游业将迎万亿级市场［EB/OL］. http：//www.cnfood.cn/article? id=1437348444326957057.

② 前瞻经济学人.2020 年中国休闲农业和乡村旅游行业市场现状及发展前景分析 万亿规模市场待开启［EB/OL］. https：//www.qianzhan.com/analyst/detail/220/201201 - a852b7b6.html.

品产地市场由自发分散向规范有序转变，由集散交易场所向复合功能平台发展，初步形成了以国家级农产品产地市场为龙头、区域性农产品产地市场为节点、田头市场为基础的农产品产地市场体系。"十三五"以来，中国农产品流通业蓬勃发展，产销一体化不断融合，新兴业态不断涌现，各类产地流通主体快速发展。2020 年，全国成交额亿元以上农产品产地市场近 500 家，已建设 21 个国家级农产品产地市场，带动各地建设了一批区域性农产品产地市场和田头市场。

除此之外，中国的农产品期货和融资市场也日趋繁荣。据《2020 年度中国期货市场发展报告》，中国农产品类包揽全球成交前三名，农产品类成交量和成交额分别为 19.79 亿手和 99.93 万亿元，农产品类成交额占商品期货成交额增量的 44.91%。期货市场的繁荣对稳定小麦、玉米等粮食作物和天然橡胶、棉花等经济作物的市场行情发挥了重要作用。

二、农产品贸易概况

近几年来，中国对外农产品贸易快速发展，尤其是与共建"一带一路"国家和地区的农业投资、贸易、科技、动植物检疫合作不断加强。2021 年中国农产品进出口额 3 041.7 亿美元，其中出口金额 843.5 亿美元，进口金额 2 198.2 亿美元。农产品进出口额在全国进出口总额中所占比重为 5%，农产品国际贸易整体平稳。

中国农产品进出口市场结构分布比较稳定，出口以亚洲、欧洲、北美洲为主，进口以南美洲、北美洲、亚洲为主。2021 年，中国对亚洲、欧洲、北美洲的农产品出口额分别为 550.5 亿美元、123.1 亿美元、87.1 亿美元；对南美洲、北美洲、亚洲的农产品进口额分别为 647.9 亿美元、479.3 亿美元、443.6 亿美元①。从产品类别来看，水海产品、蔬菜、鲜干水果及坚果居出口农产品前三位，出口额分别为 187.53 亿美元、119.51 亿美元、68.27 亿美元；粮食、肉类、水海产品居进口农产品前三位，进口额分别为 508.43 亿美元、307.30 亿美元、129.35 亿美元。

第五节　中国农民收入与生活

改革开放以来，中国农村居民收入水平持续快速增加，农村居民人均可支配收入从 2014 年的 10 489 元提高到 2021 年的 18 931 元。2021 年，城镇居民人均消费支出 30 307 元，农村居民人均消费支出 15 916 元。城乡居民收入比值由上年的 2.56 缩小至 2.50，城乡居民收入相对差距继续缩小②。1980—2021 年中国城乡居民恩格尔系数变化情况见表 1-6。

表 1-6　1980—2021 年中国城乡居民恩格尔系数变化情况

指标	1980 年	1990 年	2000 年	2005 年	2010 年	2015 年	2020 年	2021 年
城镇居民家庭恩格尔系数（%）	56.9	54.2	38.6	34.5	31.9	29.7	29.2	28.6
农村居民家庭恩格尔系数（%）	61.8	58.8	48.3	43.3	37.9	33.0	32.7	32.7

资料来源：根据历年《中国统计年鉴》整理。

---

① 商务部.2021 年 12 月中国进出口月度统计报告-农产品 [EB/OL]. http://wms.mofcom.gov.cn/article/zt_ncp/table/2021_12.pdf.

② 国家统计局.方晓丹：居民收入继续稳步增长　居民消费支出持续恢复 [EB/OL]. http://www.stats.gov.cn/xxgk/jd/sjjd2020/202201/t20220118_1826611.html.

从收入来看，农村居民家庭收入结构呈现不断优化的态势，各项生活消费支出全面增长。2021年，全国农村居民人均工资性收入7 958元，较上年增长14.1%，保持较快增长。工资性收入占人均可支配收入的比重为42%。全国农村居民人均经营净收入6 566元，增长8%，占人均可支配收入的比重为34.7%。全国农村居民人均财产净收入469元，增长11.9%，占人均可支配收入的比重为2.5%。全国农村居民人均转移净收入3 937元，增长7.5%，占人均可支配收入的比重为20.8%。其中，在2020年，中国如期完成新时代脱贫攻坚目标任务，现行标准下9 899万农村贫困人口全部脱贫，832个贫困县全部摘帽，12.8万个贫困村全部出列，区域性整体贫困得到解决，完成消除绝对贫困的艰巨任务[①]。

从消费支出来看，农村居民各项生活消费支出全面增长。2021年农村居民人均消费支出15 916元，名义增长16.1%，实际增长15.3%。总体来看，农村居民人均消费支出保持平稳增长，教育文化娱乐、其他用品及服务增速较快。2021年农村居民人均食品烟酒支出占比为32.7%，衣着支出占比为5.4%，居住支出占比为20.8%，农村居民人均交通通信支出占比为13.4%，教育文化娱乐支出占比为10.3%，医疗保健支出占比为9.9%。

第六节　中国农村公共服务

多年来，中国政府十分重视农村饮用水、电、道路、燃

---

① 中国政府网.《人类减贫的中国实践》白皮书［EB/OL］. http://www. gov. cn/zhengce/2021－04/06/content_5597952. htm.

气、房屋等农村基础设施建设，对基础设施投入不断增加，农民生活条件有了极大改善。截至 2020 年年底，全国已建成农村水电站 43 957 座，装机容量 8 133.8 万千瓦，占全国水电装机容量的 22%；全国农村水电年发电量 2 423.7 亿千瓦时，占全国水电发电量的 17.9%①；新建改建农村公路 26.9 万公里②。在社会保障方面，截至 2020 年年底，全国有农村低保对象 1 985.0 万户、3 620.8 万人。全国农村低保平均保障标准 5 962.3 元/（人·年），比上年增长 11.7%，全年支出农村低保资金 1 426.3 亿元。在全国 1 977 个县（市）推开县级公立医院综合改革。全民医保体系进一步完善，基本医保参保率稳定在 95% 以上，城镇居民医保和新农合年人均政府补助标准提高到 580 元。城乡居民大病保险覆盖所有城乡居民基本医保参保人群。基层医疗卫生机构综合改革持续巩固深化，中央财政安排基层医疗卫生机构实施国家基本药物制度补助资金 91 亿元。全力改进农村公共文化服务。目前，全国每个县至少有一个图书馆和文化书屋。在全国范围内实施电视广播服务、文化信息分享、送电影下乡等工程，极大丰富了农民文化生活。到 2020 年，全国共有乡镇文化站共计 32 825 个③。

此外，中国政府实施了全面改善贫困地区义务教育薄弱学校基本办学条件、义务教育薄弱环节改善与能力提升等重

---

① 水利部 . 2020 年全国水利发展统计公报［EB/OL］. http：//www. mwr. gov. cn/sj/tjgb/slfztjgb/202202/t20220209_1561588. html.

② 央视网 . 今年新增 1 146 个建制村通客车　新改建农村公路 26.9 万公里［EB/OL］. https：//news. cctv. com/2020/12/25/ARTI8yYNZuvZT3KuDAAp8go-e201225. shtml.

③《2021 年中国农村统计年鉴》。

大项目，有力促进了义务教育学校办学条件整体改善和办学质量持续提升。农村义务教育完全纳入国家财政预算，农村地区学生完全免除学杂费，国家为农村困难家庭学生免费提供书本和住宿津贴。坚决守住义务教育有保障特别是控辍保学"底线"，2021 年，脱贫家庭辍学学生持续保持动态清零，发展"互联网＋"教育助力乡村教育均衡，全国义务教育基本均衡已经全面实现①。

第七节　中国农村治理

中国的农村治理以村民自治制度为基础。村民自治，简而言之就是广大农民群众直接行使民主权利，依法管理自己的事情，创造自己的幸福生活，实行自我管理、自我教育、自我服务的一项基本社会政治制度。中国的村民自治制度始于 20 世纪 80 年代，1982 年中国修订颁布的《中华人民共和国宪法》第一百一十一条规定，"村民委员会是基层群众自治性组织"。1987 年，全国人民代表大会常务委员会在总结各地农村基层民主自治的基础上，通过了《中华人民共和国村民委员会组织法（试行）》，此后该项法律在实践中经过多次修订，村民自治制度开始逐步走向完善。根据《中华人民共和国村民委员会组织法》规定，村民自治的基本内容和主要形式是"四个民主"，即民主选举、民主决策、民主管理、民主监督。民主选举，就是按照宪法、村委会组织法等法律法规，由村民直接选举或罢免村委会干部，村委会由主

---

① 教育部. 全国义务教育基本均衡已全面实现［EB/OL］. http：//www. moe. gov. cn/fbh/live/2021/53939/mtbd/202112/t20211229_591239. html.

任、副主任和委员 3～7 人组成，每届任期一般为 3 年，届满应及时进行换届选举，选举实行公平、公正、公开的原则；民主决策，就是凡涉及村民利益的重要事项，如村办学校、村建道路等公益事业的经费筹集方案等，都应提请村民会议或村民代表会议讨论，按多数人的意见做出决定；民主管理，就是依据国家的法律法规并结合本地的实际情况，全体村民讨论制订村民自治章程或村规民约，把村民的权利和义务以及经济管理、社会治安等方面的要求进行明确，加强村民的自我管理、自我教育、自我服务；民主监督，就是通过村务公开、民主评议村干部和村委会定期报告工作等形式，由村民监督村中重大事务，监督村委会工作和村干部行为。民主监督的重点是村务公开，即凡是重大事项和村民普遍关心的问题都应向村民公开。

截至 2021 年年底，全国在 9 034 个城市街道、29 649 个乡镇、114 065 个社区（居委会）、491 129 个行政村已建立党组织，覆盖率均超过 99.9%[①]。全国基层群众性自治组织共计 60.6 万个，其中村委会 49.0 万个，村民小组 395.0 万个，村委会成员 208.9 万人[②]。

① 求是网. 中国共产党党内统计公报 [EB/OL]. http://www.qstheo-ry.cn/yaowen/2022-06/29/c_1128787989.htm.
② 民政部. 2021 年民政事业发展统计公报 [EB/OL]. https://www.mca.gov.cn/n156/n189/c93382/content.html.

第二章　中国农业生产经营主体

　　目前，随着中国整体社会经济的发展，农村改革也取得积极进展，截至 2017 年年底，全国农村承包地确权登记面积达到 11.1 亿亩。截至 2020 年，全国农村承包地确权登记颁证超过 96%，2 亿农户领到了土地承包经营权证。土地经营权的进一步明确为多种类型的农业生产经营主体发展提供了保障，家庭农场、合作社、龙头企业等新型农业生产经营主体达到 280 万个，农村集体资产股份权能改革试点有序实施，在推动农村社会变革的同时也促进了农业生产的整体发展。在坚持农村基本经营制度基础上，大力培育发展新型农业经营主体和服务主体，不断增强其发展实力、经营活力和带动能力，是关系中国农业农村现代化的重大战略，对推进农业供给侧结构性改革、构建农业农村发展新动能、促进小农户和现代农业发展有机衔接、助力乡村全面振兴具有十分重要的意义。

第一节　传统农民

　　在中国的农业生产者中，传统农民占据大多数，这部分农业生产者一般为"土生土长"的农业生产者，农业生产是其获得收入的最基础来源。从整体经营素质来看，传统农民一般文化水平较低，科技运用能力较弱，发展农业生产的整体能力相对不足。但随着中国社会的快速发展，农村正在经历变革，传统完全依赖于农业生产为生的农民数量不断减少。其发展特点如下：

一、传统农民仍是农业生产主体

中国目前仍有近 5 亿乡村人口，这部分人口经营了中国农村大部分的土地，以传统农民为主的农业生产者对保障中国粮食安全，满足不断提升的农产品消费需求起到关键作用。一方面，传统农民以农业生产作为主要收入来源，农民这一身份具有职业属性；另一方面，传统农民生产规模相对较小，正在现代农业发展过程中逐步转型。

二、传统农民不断转型

随着农村大量劳动力的外出和农业生产经营方式的转变，传统完全依赖农业谋生的农民在不断减少，大量农民工进入城市从事非农工作，外出农民工达到 1.72 亿人，促进了中国的城镇化进程，也带动了传统农民的转型[①]，2021 年全国农民工总量达到 2.92 亿人。中国各级政府正在顺势而为，努力促进传统农民转型，培育高素质农民。一方面，建立并完善农民培训机制，对外出务工的农民工进行职业技能培训，帮助其提升就业能力，促进农村劳动力有序转移；另一方面，开展设施农业、规模种养业、农产品加工业、民俗民族工艺产业、休闲农业与乡村旅游、农产品流通与电子商

---

① 中国政府网.2021 年农民工监测调查报告［EB/OL］. http：//www.gov.cn/xinwen/2022－04/29/content_5688043.htm.

务等培训，帮助农民改变传统经营方式，提升农业附加值。

三、高素质农民成为农业现代化主力军

近年来，中国政府出台一系列政策措施，从立法保障、财政扶持、金融支持、创业培训等多个领域鼓励培育高素质农民。"十三五"期间，中央财政累计投入91.9亿元，累计培育高素质农民500万人，以现代青年农场主、产业扶贫带头人、新型经营主体带头人和返乡回乡农民为重点，支持各地分类开展农民教育培训，坚持理论与实践相结合，集中培训与现场实训相结合，线上培训与线下培训相结合，采取"一点两线、全程分段"的培育模式，以产业发展为立足点，以生产技能和经营管理能力提升为两条主线，在不少于一个产业周期内，分阶段组织集中培训、实训实习、参观考察和生产实践。大批高素质农民活跃在农业生产经营一线，在提升农业综合生产能力和竞争力，保障国家粮食安全和重要农产品生产，带动农民增收致富等方面发挥重要作用，成为发展现代农业和振兴乡村的主力军①。

中国的农业正在向集约化、现代化方向发展，高素质农民的分工越来越细，高素质农民可分为生产经营型、专业技能型和社会服务型三种类型。"生产经营型"高素质农民，是指以家庭生产经营为基本单元，充分依靠农村社会化服务，开展规模化、集约化、专业化和组织化生产的新型生产经营主体。主要包括专业大户、家庭农场主、专业合作社带头人等。"专业技能型"高素质农民，是指在农业企业、专

---

① 农业农村部.农业现代化辉煌五年系列宣传之十九：高素质农民 农业现代化主力军［EB/OL］. http://www.ghs.moa.gov.cn/ghgl/202106/t20210611_6369491.htm.

业合作社、家庭农场、专业大户等新型生产经营主体中，专业从事某一方面生产经营活动的骨干农业劳动力。主要包括农业工人、农业雇员等。"社会服务型"高素质农民，是指在经营性服务组织中或个体从事农业产前、产中、产后服务的农业社会化服务人员，主要包括跨区作业农机手、专业化防治植保员、村级动物防疫员、沼气工、农村经纪人、农村信息员及全科农技员等。"生产经营型"高素质农民是全能型、典型的高素质农民，是现代农业中的"白领"，"专业技能型"和"社会服务型"高素质农民是现代农业中的"蓝领"，他们是"生产经营型"高素质农民的主要依靠力量，是现代农业不可或缺的骨干农民①。

第二节　家庭农场

　　家庭农场是以家庭成员为主要劳动力，从事农业规模化、集约化、商品化生产经营，并以农业收入为家庭主要收入来源的新型农业经营主体。家庭农场起源于欧美等发达国家，近年来在中国得到快速发展。2021 年，全国家庭农场总量达到 390 万家②，家庭农场的平均经营规模在134.3 亩，成为农业生产的有生力量③。家庭农场相关政策扶持如下：

---

　　① 经济参政报."新型职业农民"数量递增　农民职业教育培训市场规模超千亿［EB/OL］. http://www.jjckb.cn/2021–05/21/c_139960811.htm.
　　② 中国政府网.2021年粮食播种面积增至17.64亿亩，家庭农场达到390万家［EB/OL］. http://www.gov.cn/xinwen/2022–01/21/content_5669637.htm.
　　③ 中国政府网.报告显示：带动小农户发展的现代农业经营体系初步形成［EB/OL］. http://www.gov.cn/xinwen/2021–12/21/content_5663867.htm.

一、政策扶持力度不断加强

2008 年党的十七届三中全会《中共中央关于推进农村改革发展若干重大问题的决定》中第一次将家庭农场作为农业规模经营主体之一提出，此后家庭农场得到快速发展。2013 年中央 1 号文件又对"家庭农场"的概念有了新的界定，并对家庭农场提出了新的要求，提出"坚持依法自愿有偿的原则，引导农村土地承包经营权有序流转，鼓励和支持承包土地向专业大户、家庭农场、农民合作社流转，发展多种形式的适度规模经营"，为家庭农场的发展明确了方向。此后，历年中央 1 号文件都强调要发展多种形式的适度规模经营，并提出了一系列的政策措施引导支持中国家庭农场健康稳定发展，家庭农场的发展受到越来越多的关注和重视，成为新阶段促进中国农业发展的重要力量。2020 年，农业农村部发布的《新型农业经营主体和服务主体高质量发展规划（2020—2022 年）》中专门谈到了加快培育发展新型农业经营主体和服务主体之一的家庭农场。目前，全国已有 28 个省（自治区、直辖市）开展省级示范家庭农场创建，县级以上示范家庭农场超过 11 万家，初步形成了省市县三级示范创建体系。

二、主流经营地位逐渐深化

从世界经济发展规律看，随着工业化进程中的国民收入增长，农民也需要收入增长，但小农户的经营收入是跟不上国民收入增长步伐的，所以小农户增收主要依靠转产高价值农产品、扩大经营规模、兼业甚至离农、政府补贴四条途径。加快培育发展家庭农场，坚持农户主体，鼓励有长期稳定务农意愿的农户适度扩大经营规模，发展多种类型的家庭农场。同时，把符合条件的种养大户、专业大户纳入家庭农场范围，一并支持服务。在此基础上，衍生出农业技术进步、提高技术和经济效率、专业化、商品化、产业融合等内部效应和带动与服务小农户等外溢效应。现代经济体系中，小农户在收入压力和外部竞争中经营日趋艰难，具有规模经济的家庭农场等各类新型经营主体在现代农业经营中会渐渐取得主流经营主体地位。

三、土地流转加快提升规模化程度

近几年，中国积极推动土地确权颁证和土地流转，鼓励有条件的农业生产者通过转包经营等方式扩大经营面积，将农村闲置土地有序流转，为家庭农场的发展奠定了基础。在鼓励发展规模适度的家庭农场的同时，进一步完善对粮食生产规模经营主体的支持服务体系，确保家庭农场的发展对保障粮食安全起到积极作用。

四、示范带动作用明显

中国借助于家庭农场等新型经营主体，积极发挥其示范带动作用，在技术推广、模式创新、粮食增产等方面开展了多种尝试，取得了不错的成效。各地家庭农场积极参与绿色增产技术模式攻关，率先推广应用新品种、新农药、新肥料、新农机，促进苗头性、前瞻性技术的大面积推广应用。

第三节　专业大户

专业大户是围绕某一种农产品从事专业化生产的农业主

体，从种养规模来看明显地大于传统农户或一般农户，并且专业大户经常需要雇佣家庭成员以外的劳动力从事农业生产。目前，中国的专业大户快速发展，涵盖了种植业、养殖业、农机服务等多个领域，相关扶持政策如下：

一、确保资金支持加强监管

为促进专业大户等快速发展，中国政府明确将专业大户等新型农业经营主体作为财政重点支持对象，涉农财政资金重点扶持专业大户等新型农业经营主体的发展。同时，加强对家庭农场、专业大户等新型农业经营主体的负担监管，防止在登记、年检、认证等环节乱收费乱摊派。加强强农惠农富农政策落实的监管，严肃查处代扣代缴其他费用、配售商品、以领取补贴为条件要求缴纳其他费用等加重农民负担问题的行为。

二、不断完善指导服务

在鼓励专业大户开展多种经营的同时，中国政府积极为农业生产经营提供全程服务，鼓励发展农资连锁、种苗供应、农机作业、病虫害统防统治、集中育秧等经营性服务，积极拓宽农业社会化服务领域。2022年1月，农业农村部办公厅公布全国150个星级基层农技推广机构和100个星级农业科技社会化服务组织，以表扬先进，推广经验，进一步调动农技推广机构和农业科技社会化服务组织的积极性，深入基层解决生产技术难题，积极探索科技服务产业发展新机制新模式，不断提升服务能力和水平[1]。

---

① 中国政府网.农业农村部办公厅关于公布全国星级基层农技推广机构和星级农业科技社会化服务组织名单的通知［EB/OL］. http://www.gov.cn/xin-wen/2022-01/19/content_5669307.htm.

三、开展示范创建

为了发挥专业大户的示范带动作用并培育更多专业大户，各级政府定期认定规模较大、运行规范、效益较好的专业大户，并给予表彰和奖励。在监督管理方面，农业部门设定了登记、认证等制度，对专业大户进行综合考察并给予相应补助。此外，鼓励进城农民工和职业院校毕业生等人员返乡创业，实施现代青年农场主计划和农村实用人才培养计划，支持农村青年发展设施农业、规模种养业、农产品加工业等，积极培育青年人成为专业大户。

第四节　农民专业合作社

农民专业合作社是以农村家庭承包经营为基础，通过提供农产品的销售、加工、运输、贮藏以及与农业生产经营有关的技术、信息等服务来实现成员互助目的的组织，从成立开始就具有经济互助性，拥有一定组织架构，成员享有一定权利，同时负有一定责任。《中华人民共和国农民专业合作经济组织法》的出台肯定了农民专业合作社的地位和作用，也规范了农民专业合作社的发展。近年来，农民合作社在中国得到快速发展。据《国家农民合作社示范社发展指数（2020）研究报告》显示，2020 年国家农民合作社示范社在基础实力方面，成员出资总额均值为 600.4 万元，经营收入均值为 1 514 万元，可分配盈余均值为 230 万元，成员数量均值为 245 个；在发展活力方面，69.94% 的理事长学历在高中及以上，聘用技术、销售等工作人员数量平均为 13.96人，带动非成员农户数量平均为 778 户；在创新能力方面，拥有注册商标数量均值为 1.18 个，拥有专利数量均值为 0.52 项，拥有农产品质量认证数量均值为 2.23 项，24.63%的示范社兴办了产后加工业务，10.56%的农产品通过网络销售。此外，农民合作社加强社际联合合作，通过共同出资、共创品牌等方式依法自愿组建联合社 1.3 万家，是 2015 年的 2.9 倍，平均每个联合社带动 12 个成员社；农民合作社联合社经营收入 116 亿元、社均收入 113 万元，是单体农民合作社的 3.7 倍[①]。目前国家对农民专业合作社各方面扶持如下：

一、立法保障不断完善

为了支持、引导农民专业合作社的发展，规范农民专业合作社的组织和行为，保护农民专业合作社及其成员的合法权益，促进农业和农村经济的发展，《中华人民共和国农民专业合作社法》于 2006 年颁布，并在 2017 年就实际看到的一些专业合作社存在管理不民主、财务制度不健全等影响制约合作社健康发展的问题进行进一步修订规范。此外，有19 个省份出台了合作社地方性法规，15 个省份制定了规范化建设指导意见，为农民合作社规范发展提供了可供遵循的制度。

二、通过示范建设引领发展

农业农村部会同全国农民合作社发展部际联席会议成员单位深入推进国家级、省级、市级、县级示范社四级联创，

---

① 农业农村部. 农业现代化辉煌五年系列宣传之二十一：农民合作社实现规范提升 [EB/OL]. http://www.ghs.moa.gov.cn/ghgl/202106/t20210617_6369793.htm.

县级以上示范社近 16 万家，国家示范社超过 9 000 家。连续启动两批全国农民合作社质量提升整县推进试点，试点范围扩大到 158 个县（市、区），聚焦发展壮大单体合作社、促进联合合作、提升县域指导服务水平等试点任务，打造农民合作社高质量发展的县域样板；遴选 71 家农民合作社典型案例并出版，宣传推介农民合作社发展乡村产业的经验做法①。

三、政策扶持不断加强

为了更好地促进农民合作社发展，国务院和各部委制定了一系列措施，在财政资金、税收优惠、金融信贷等方面给予相应支持。2015 年，经国务院同意，中央财政从农资综合补贴中调整 20％的资金，重点支持建立完善农业信贷担保体系，为合作社发展提供资金支持；中央财政还从现代农业生产发展资金中安排部分资金，专门用于支持农民合作社发展。2019 年，经国务院同意，中央农办、农业农村部等 11 个部门和单位联合印发了《关于开展农民合作社规范提升行动的若干意见》，从加大财政项目扶持、创新金融服务、强化人才支撑等方面加大对农民合作社发展的政策支持力度。中央财政持续通过农业生产发展资金支持农民合作社高质量发展，支持县级及以上农民合作社示范社、联合社改善生产条件，提升技术应用和生产经营能力。2020 年，中央财政农业生产发展资金在河北、广西、重庆等 16 个省（自治区、直辖市）试点，支持新型农业经营主体建设农产品产

---

① 农业农村部. 对十三届全国人大四次会议第 1004 号建议的答复［EB/OL］. https：//www. moa. gov. cn/govpublic/NCJJTZ/202106/t20210615_6369582. htm.

地仓储保鲜设施，依托县级及以上农民合作社示范社、联合社等实施，2021年扩大到全国所有省份。高标准农田和小微水利基础设施建设等项目鼓励农民合作社承担项目建设和管护任务，其他相关产业项目也向合作社倾斜。

四、引导合作社创新发展

一方面，农业农村部组织开展县乡两级合作社辅导员培训和合作社带头人轮训，编制专门培训计划，积极引导支持各地农业农村部门及社会力量开展合作社人才培训。另一方面，各级农业农村部门组织召开交流会，交流推广农民合作社在开展股份合作、发展适度规模经营、扩大农民利益等方面创新发展的做法，推进农民合作社创新发展。

第五节　农业企业

农业企业是连接农民、农业产业基地和市场的载体，它关系着产业的兴衰、农民的收入和农业农村经济的发展。现代农业企业作为市场主体，在开拓市场、打造品牌、推广新技术、发展新产业等方面具有显著优势，在优化资源配置、推进一二三产业融合上具有独特作用。中国的农业企业以乡镇企业和农产品加工业为主，在过去几十年里，乡镇企业和农产品加工业的迅速发展带动了农村的不断变革。在乡村产业发展过程中，中国涌现出一批经营规模大、发展水平高、带农能力强的农业产业化龙头企业。随着乡村振兴领域的拓展，更多涉农企业投入乡村振兴中，与农业产业化龙头企业一起，形成发展乡村产业、服务乡村的农业企业队伍。WIND数据库显示，2020年全国148家农业上市公司营业收入总额为 4 123.79 亿元[①]。农业产业化龙头企业已成为促进农业发展、带动农民增收、保障农产品供给、维护市场稳定的重要支柱力量。国家对农业企业各方面扶持如下：

一、政策体系逐步建立

1996 年《中华人民共和国乡镇企业法》颁布，为扶持和引导乡镇企业持续健康发展、保护乡镇企业的合法权益，规范乡镇企业的行为，繁荣农村经济提供了法律保障，也体现了中国政府对乡镇企业的高度重视。2012 年国务院专门出台了《关于支持农业产业化龙头企业发展的意见》，提出要重点支持农业龙头企业开展技术改造，开发新技术、新产品、新工艺。2016 年国务院出台的《国务院办公厅关于进一步促进农产品加工业发展的意见》中提出了建设目标，即到 2020 年实现农产品加工转化率达到 68%，规模以上农产品加工业主营业务收入年均增长 6% 以上，农产品加工业与农业总产值比达到 2.4∶1；到 2025 年，农产品加工转化率达到 75%，农产品加工业与农业总产值比进一步提高。2020 年，中国农产品加工业营业收入超过 23.2 万亿元，农产品加工转化率达到 67.5%；科技对农产品加工业发展的贡献率已达到 63%[②]，基本实现设定目标。同时，2020 年发布的《全国乡村产业发展规划（2020—2025 年）》指出，未来农业发展要坚持以一二三产业融合发展为路径，发掘乡

---

① 中国经济网.2021 中国新型农业经营主体发展分析报告（二）——基于中国农业企业的调查 [EB/OL]. http：//tuopin. ce. cn/news/202112/20/t20211220_37187491. shtml.

② 中国政府网.2020 年我国农产品加工业营业收入超过 23.2 万亿元 [EB/OL]. http：//www. gov. cn/xinwen/2021 – 03/25/content_5595481. htm.

村功能价值，强化创新引领，突出集群成链，延长产业链，提升价值链，培育发展新动能，聚焦重点产业，聚集资源要素，并设定了新发展目标，即到 2025 年，农产品加工业营业收入达到 32 万亿元，农产品加工业与农业总产值比达到2.8：1，主要农产品加工转化率达到 80％。

二、合作模式不断创新

近年来，农业部门鼓励农业企业积极与农户开展合作，探索"农业企业＋种粮大户""农业企业＋农民合作社＋种粮大户"等农企合作模式，让农民通过全产业链得到更多实惠。将农产品加工业纳入"互联网＋"现代农业行动，利用大数据、物联网、云计算、移动互联网等新一代信息技术，培育发展网络化、智能化、精细化现代加工新模式。引导新型农业经营主体与小农户建立多种类型的合作方式，促进利益融合。完善利益分配机制，推广"订单收购＋分红""农民入股＋保底收益＋按股分红"等模式。

三、资金支持得到加强

为促进农产品加工业发展，中国政府支持符合条件的农产品加工企业申请有关支农资金和项目，完善农产品产地初加工补助政策，鼓励有条件的地方扩大补助资金规模。同时，探索农村合作金融、农业租赁金融、农业信贷保险等服务方式，破解农业企业的资金瓶颈。

《全国乡村产业发展规划（2020—2025 年）》中提到，要加快完善资金支撑，完善财政扶持政策，采取"以奖代补、先建后补"等方式，支持现代农业产业园、农业产业强镇、优势特色产业集群及农产品仓储保鲜冷链设施建设。鼓励地方发行专项债券用于乡村产业。强化金融扶持政策，引导县域金融机构将吸收的存款主要用于当地，建立"银税互动""银信互动"贷款机制；充分发挥融资担保体系作用，强化担保融资增信功能，推动落实创业担保贷款贴息政策①。

---

① 中国政府网．农业农村部关于印发《全国乡村产业发展规划（2020—2025年）》的通知［EB/OL］．http：//www.gov.cn/zhengce/zhengceku/2020 - 07/17/content_5527720.htm.

第三章　中国农业生产现状

　　中国国土面积辽阔，气候条件多样，农业生产的自然资源条件较为丰富，为发展多种类型的农业生产方式提供了基础。同时，中国也是世界人口大国，对农产品的需求量巨大，为了保障国家粮食安全和人民基本生活，中国政府一直十分重视农业生产发展。中华人民共和国成立以来，中国的种植业和畜牧业生产水平不断提高，产品供给能力明显增强，农业生产已经从满足人们的基本生活需求转变为不断改善生活水平，农业生产的不断发展为经济社会持续稳定健康发展奠定了坚实的基础。在种植业部门中，水稻、玉米、小麦等粮食作物以及棉花、糖料、茶叶等经济作物占有重要地位，谷物、籽棉、花生、茶叶、水果产量均居世界第一位，油菜籽产量居世界第二位，甘蔗、大豆产量居世界第四位。在畜牧业部门中，中国的猪、牛、羊以及部分家禽产量均居于世界前列。

第一节　中国种植业生产现状

　　种植业主要分布在中国的东部地区，又分南方和北方[①]，

---

　　① 秦岭-淮河一线，是中国（特别是东部）南方和北方的地理分界线，此线的南面和北面，无论是自然条件、农业生产方式，还是地理风貌以及人民的生活习俗，都有明显的不同。

南方以水田为主，北方以旱田为主。按照品种来说，种植业主要分为粮食作物和经济作物。

为了保障粮食安全，中国政府划定了 1.2 亿公顷的耕地红线，实施了严格的耕地保护措施，取消了实行 2 600 多年的农业税，并且制定了一系列政策为农民提供良种补贴、农机补贴等，通过多种途径提高农民的种粮积极性，稳定国内粮食生产形势。在粮食产量不断提升的同时，中国的油料、棉花、糖料、水果等农产品产量也均保持增长态势（表 3－1）。

表 3－1　主要农作物产量情况（万吨）

类别	1990 年	2000 年	2005 年	2010 年	2015 年	2020 年
粮食	44 624.00	46 217.50	48 402.00	55 911.30	66 043.50	66 949.20
稻谷	18 933.10	18 790.77	18 058.84	19 722.60	21 214.20	21 186.00
小麦	9 822.90	9 963.58	9 744.51	11 609.30	13 255.50	13 425.40
玉米	9 681.90	10 599.98	13 936.54	19 075.00	26 499.20	26 066.50
油料	1 613.16	2 954.83	3 077.14	3 156.77	3 390.47	3 586.40
棉花	450.77	441.73	571.42	577.04	590.74	591.05
糖料	7 214.47	7 635.33	9 451.91	11 303.36	11 215.22	12 014.00
水果	1 874.40	6 225.15	16 120.09	20 095.37	24 524.62	28 692.36

资料来源：根据历年《中国农业发展报告》及《中国统计年鉴》整理。

中国粮食产量从 1990 年的 44 624.0 万吨增加到 2020 年的 66 949.2 万吨；棉花产量从 1990 年的 450.8 万吨增加到 2012 年的 660.8 万吨，而到 2016 年，受到国际市场行情等诸多因素影响，棉花产量下降至 534.3 万吨，之后所有提升，2020 年为 591 万吨；油料作物产量增幅不大，从 1990 年 1 613.2 万吨增加到 2020 年的 3 586.4 万吨；糖料作物产量增长相对较快，在 2015 年达到 11 215.2 万吨，近几年糖料产量整体呈相同态势，2020 年产量为 12 014 万吨；此外，随着中国居民消费结构的不断改变，水果的需求量大幅增加，水果产量也快速增长，从 1990 年的 1 874.4 万吨上升到 2020 年的 28 692.4 万吨。

主要农作物总产量增加的同时，大部分农作物的单产水平也在不断提高（表 3-2）。1990—2020 年，中国粮食单产从 3 932.84 千克/公顷增加到 5 737 千克/公顷，增长了 45.87%；其中稻谷单产从 5 726.12 千克/公顷增加到 7 044 千克/公顷，小麦单产从 3 194.11 千克/公顷增加到 5 742 千克/公顷，玉米单产从 4 523.94 千克/公顷增加到 6 317 千克/公顷。

表 3-2　主要农作物单位面积产量情况（千克/公顷）

类别	1990 年	2000 年	2005 年	2010 年	2015 年	2020 年
粮食	3 932.84	4 261.15	4 641.63	4 973.58	5 482.9	5 737
稻谷	5 726.12	6 271.59	6 260.18	6 552.96	6 892.5	7 044
小麦	3 194.11	3 738.22	4 275.3	4 748.44	5 392.7	5 742
玉米	4 523.94	4 597.47	5 287.34	5 453.68	5 891.9	6 317
油料	1 479.94	1 918.68	2 149.18	2 325.57	2 546.47	2 731.64
棉花	806.66	1 093.08	1 128.88	1 229.42	1 475.3	1 864.5
糖料	42 965.41	50 426.3	60 419.31	63 035.83	71 315.06	7 659.65

资料来源：根据历年《中国农业发展报告》及《中国统计年鉴》整理。

1990—2020 年，中国棉花单产从 806.66 千克/公顷增加到 1 864.5 千克/公顷，增长了 1.31 倍；2020 年，油料作物和糖料作物的单产分别达到了 2 731.64 千克/公顷和 7 659.65 千克/公顷，油料作物较 1990 年增长了 84.58%，但糖料作物较 1990 年减少了 82.17%。

一、粮食作物

中国是世界上最大的产粮国之一，主要粮食作物包括小麦、水稻、玉米、马铃薯、燕麦、黑麦、大麦、谷子和高粱等，其中，小麦、玉米、水稻是中国最主要的三大粮食作物。2021 年全国粮食总产量 68 284.75 万吨，全年粮食产量再创新高，连续 7 年保持在 6.5 亿吨以上。粮食生产喜获十八连丰（图 3-1）。

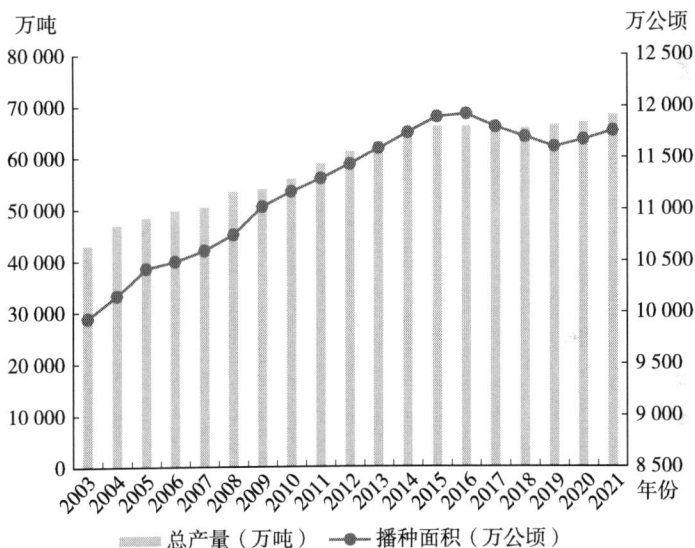

图 3-1 中国历年粮食产量情况

资料来源：国家统计局。

（一）稻谷

作为大米的原粮，稻谷是中国最重要的粮食品种，中国稻谷总产长期位居世界第一，其产量近年来也不断增长，2020 年中国稻谷产量约占全国粮食总产量的 31.65%

（图 3-2）。目前，中国稻谷种植主要集中在长江流域和珠江流域。2003 年，稻谷产量在千万吨以上的省份有 7 个，依次为湖南（产量最高，达到 2 070.2 万吨）、四川、江苏、江西、湖北、广西、广东；到 2015 年，稻谷产量在千万吨以上的省份有 9 个，除了上述 7 个省份外，还有黑龙江及安徽，湖南产量依然最高，达到 2 634.0 万吨；2020 年，稻谷产量在千万吨以上的省份仍为上述 9 个，8 个省份稻谷产量占全国总产量的 73.07%，其中黑龙江产量最大，达到了 2 896.15 万吨，湖南产量位居全国第二，达到 2 638.94 万吨。

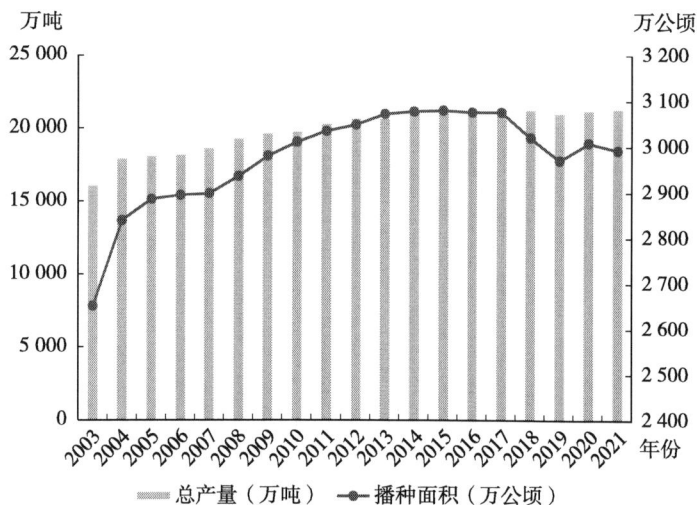

图 3-2 中国历年稻谷生产情况

资料来源：国家统计局。

中国稻谷生产及空间分布有三大主要特征：一是长江中下游流域产量稳定增长，稻谷产量排名前九的省份中，有 5 个位于长江中下游流域；二是东北地区产量连年增长，在中

国稻谷总产量中的比重从 2003 年的 9.4% 增长到 2015 年的
15.8%，再增长到 2020 年的 19%；三是其余地区基本稳
定，珠江流域稻谷产量增长缓慢。

（二）小麦

在中国，小麦是仅次于水稻的第二大粮食作物，是北方
及西北地区居民的主粮；中国小麦总产基本保持世界第一地
位。在布局上，中国小麦的生产呈北方多而集中、南方少而
分散的特点。2003 年，小麦产量超过千万吨的省份只有河
南、河北、山东 3 个，其中，河南产量为 2 292.5 万吨，占
全国小麦总产量的比重超过四分之一；到 2015 年，小麦产
量超过千万吨的省份有 5 个，分别为河南（产量最大，达到
3 526.90 万吨）、山东、安徽、河北、江苏；到 2020 年小麦
产量超过千万吨的省份仍然为上述 5 个省份，五省小麦产量
占全国总产量的 78.62%，其中河南产量最大，达到 3 753.13
万吨，其次为山东，达到 2 568.85 万吨（图 3-3）。

中国小麦生产和空间分布的特征主要表现在：第一，总
量稳定增长，河南、山东、河北三大产麦大省的增产是中国
小麦总产量快速提高的主要原因；第二，多地区产量增长较
快，湖北、安徽、新疆、江苏的小麦种植面积和产量逐年提
升；第三，西部地区种植规模萎缩，小麦生产重点逐渐向东
偏移；第四，中国小麦总产量的增长速度快于播种面积的增
速，可见中国小麦单产在逐年提高。

（三）玉米

相比于稻谷和小麦，中国玉米的产量在近十年呈现出快
速上涨趋势，玉米已经取代稻米成为中国产量第一的粮食作
物，2020 年中国玉米产量约占全国粮食总产量的 38.93%
（图 3-4）。同时，中国也是世界玉米第二大生产国和消费

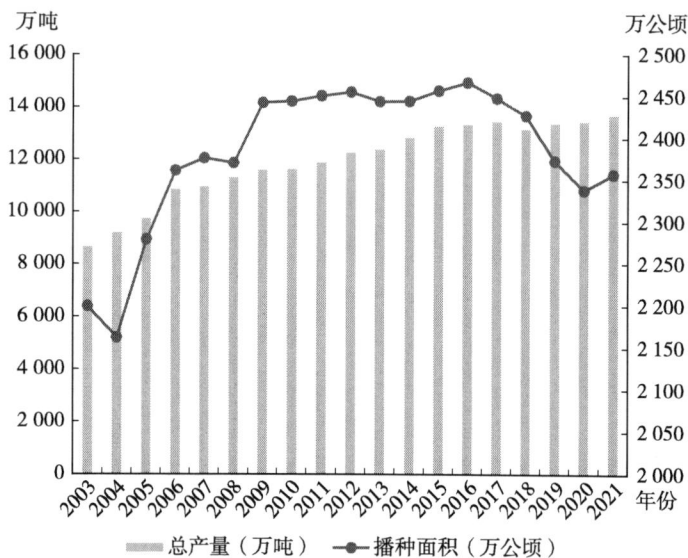

图 3-3　中国历年小麦生产情况

资料来源：国家统计局。

国。随着经济持续快速发展、饲料企业发展迅速，玉米深加工业发展势头强劲：一方面玉米消费总量快速增长；另一方面中国玉米消费结构产生变化，饲料用粮消费最多，工业用粮次之，口粮和种子用粮相对偏少。

2003 年，玉米产量在千万吨以上的省份有 3 个，分别为吉林（产量最大，达到 1 615.3 万吨）、山东和河北；到2015 年，玉米产量在千万吨以上的省份增加至 8 个，依次为黑龙江（产量位居第一，达到 4 280.19 万吨）、吉林（产量位居第二，达到 3 138.77 万吨）、内蒙古、山东、河南、河北、辽宁和新疆；到 2020 年，玉米产量在千万吨以上的省份仍为 8 个，但是与 2015 年不同的是，新疆位居第八的位置被四川替代，8 个省份玉米产量占全国总产量的

68.24%；其他省份产量总体增长，黑龙江产量依然位居第一，达到3 646.6万吨，第二仍为吉林，达到2 973.4万吨。

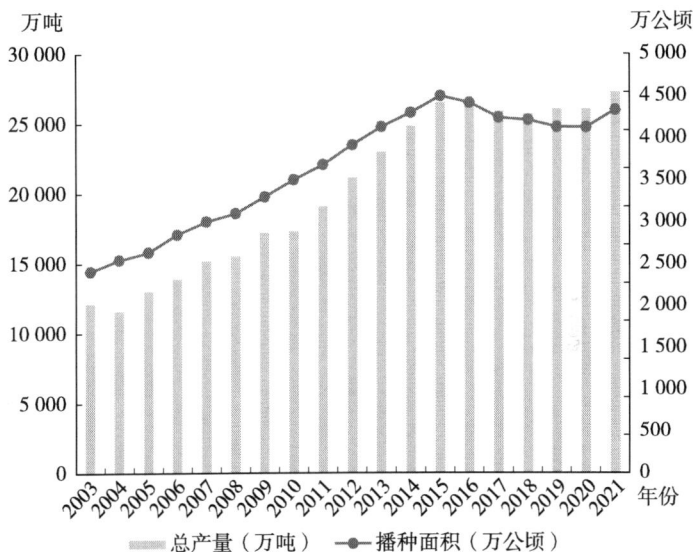

图3-4 中国历年玉米生产情况

资料来源：国家统计局。

（四）大豆

中国不仅是世界最早的大豆种植国，也是世界重要的大豆生产国。大豆是中国最主要的豆科粮食作物和油料作物。东北平原和黄淮海平原是中国的两大大豆主产区。东北平原产区是中国最大的大豆产区，主要集中在三江平原和松辽平原，其中黑龙江产量最高。黄淮海平原地区是第二大大豆集中产区，以山东、河北、河南等省为主（表3-3）。

2003年，大豆产量在百万吨以上的省份有2个，分别为黑龙江（560.80万吨）、辽宁（150.30万吨）；到2015年，大豆产量在百万吨以上的省份为黑龙江（498.76万

吨）、吉林（130.20 万吨）、内蒙古（126.75 万吨）；到
2020 年，大豆产量在百万吨以上的省份为黑龙江（920.29
万吨）、内蒙古（234.74 万吨）、吉林（120.30 万吨）、四川
（101.25 万吨）；4 个省份大豆产量占全国总产量的
70.24%。此外，四川省大豆产量一直处于上升态势，
2003—2020 年产量增长了 1.20 倍。

表 3-3　全国部分省份历年大豆生产情况

省份	大豆产量（万吨）						2020 年产量占全国比重（%）
	1990 年	2000 年	2005 年	2010 年	2015 年	2020 年	
黑龙江	325.80	450.10	629.50	615.38	498.76	920.29	46.95
内蒙古	47.60	85.80	130.86	149.37	126.75	234.74	11.98
吉林	93.30	64.23	31.52	90.18	130.20	120.30	6.14
四川	34.60	37.40	52.60	61.08	76.97	101.25	5.17
河南	86.70	115.78	58.07	83.91	46.75	93.42	4.77
安徽	55.40	91.50	88.80	105.07	92.04	92.94	4.74

资料来源：国家统计局。

二、经济作物

经济作物是中国种植业另一个重要的部门，其播种面积
大约占全国农作物总播种面积的 10%，对增加农民收入和
促进农村整体经济发展具有重要作用。随着中国整体经济水
平的发展和国内消费结构的变化，经济作物的种植结构也逐
渐发生着改变。

（一）棉花

棉花是中国种植业中仅次于粮食作物的大宗农产品，在
中国经济作物生产中历来具有重要地位。中国是世界重要的

棉花生产、消费和纺织大国。中国棉区范围广阔，新疆是中国最大的产棉省区，且在国际上具有很高的知名度和影响力（表3-4）。2020年全国棉花产量591.05万吨，其中，新疆棉花产量516.08万吨，且近年来产量占比持续上升（由2015年的60%增长到2020年的87.32%）。

表3-4 棉花主产区历年生产情况

省份	棉花产量（万吨）						2020年产量占全国比重（%）
	1990年	2000年	2005年	2010年	2015年	2020年	
新疆	46.90	145.60	187.4	276.31	498.76	516.08	87.32
河北	57.10	30.01	57.70	42.74	23.90	20.86	3.53
山东	97.50	58.99	84.63	72.41	47.77	18.30	3.10
湖北	51.70	30.43	37.50	47.18	29.76	10.79	1.83
湖南	12.00	15.80	19.75	22.70	12.30	7.45	1.26
河南	67.60	70.38	67.70	33.89	6.78	1.80	0.30

数据来源：国家统计局。

（二）油料作物

随着中国居民生活水平的不断改善和饮食结构的逐渐变化等，油料的需求也在逐年上涨，油料作物播种面积和产量也呈现逐渐增长态势（图3-5）。中国的油料作物主要有花生、油菜、芝麻、胡麻、向日葵等。中国花生栽培历史悠久，是世界第一大花生生产国，近几年来，中国的花生播种面积一直维持在460万~470万公顷，用大约占世界1/6的种植面积生产了占世界1/3的花生。中国的油菜籽种植面积和产量均居世界前列，在全国各地均有栽培，以长江流域最为集中，主产省份有四川、湖北、湖南、安徽、贵州、江西、云南、江苏等。2020年油菜播种面积已经达到

1 312.91万公顷，较2015年增长了86.8%。

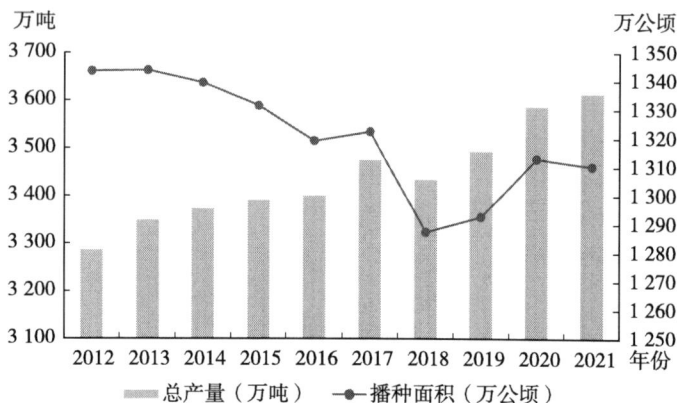

图3-5 中国历年油料生产情况
资料来源：国家统计局。

（三）糖料作物

随着居民消费结构和饮食结构等的变化，中国的糖料需求也在逐渐增长。近年来，中国糖料作物产量始终维持在11 000万～12 500万吨，播种面积则维持在160万公顷左右（图3-6）。2020年，中国糖料作物总产量12 014万吨，播种面积达到156.85万公顷；其中，广西糖料作物产量7 412.50万吨，占全国总产量的61.7%。中国的糖料作物主要有甘蔗和甜菜两种。甘蔗是热带、亚热带作物。目前，甘蔗种植面积较大、较集中的地区是广东、广西、四川、云南、福建等省份。甜菜是喜欢温凉气候的块根糖料作物，长城以北的东北平原、内蒙古河套地区和新疆等地是中国种植甜菜最多的地区。东北平原是中国栽培甜菜历史最早、面积最大、产量最高的地区，产区主要集中在松花江、嫩江、三江平原及吉林中西部平原地区。

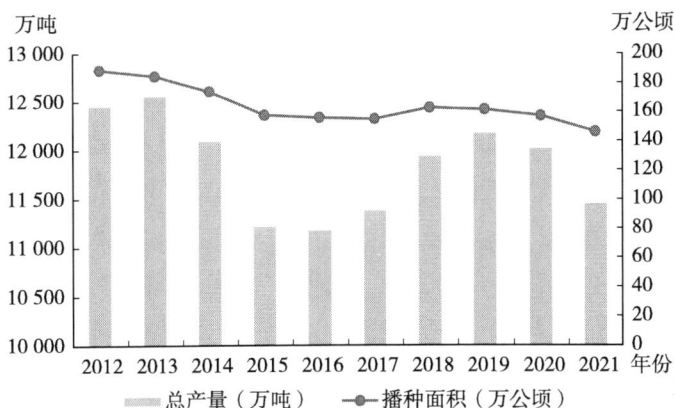

图 3-6 中国历年糖料作物生产情况

资料来源：国家统计局。

（四）蚕桑

中国是世界著名的丝绸之国，蚕茧生产历史悠久，生产规模稳居世界第一，主要集中在长江三角洲[①]、四川盆地和珠江三角洲地区。据全国 20 个主产省（自治区、直辖市）报送数据，2020 年全国桑园面积 1 146.5 万亩，较上年增加 13.6 万亩。分区域看，东、中、西部地区桑园面积分别为 168.7 万亩、156.3 万亩和 821.4 万亩，占比分别为 14.7%、13.6% 和 71.6%。分省份看，全国有 5 个省（自治区、直辖市）桑园面积超过 50 万亩，依次是广西、四川、云南、陕西和重庆，且均保持增长，合计占全国桑园面积的 68.6%[②]。

---

① 长江三角洲是长江入海之前的冲积平原，包含上海、江苏、浙江。

② 商务部 . 2020 年中国茧丝绸行业发展报告［EB/OL］. https://jscscyxs. mofcom. gov. cn/jscFile/upload/cmsfile/0e1816e8545b49fcaec1bca1f0143dec. pdf.

（五）茶叶

作为世界三大饮料之一，茶是重要的经济作物。中国是茶叶的原产国，也是世界茶叶产量最大的国家，2020年中国茶叶产量293.18万吨，占世界总产量的49.1%；出口量达到34.9万吨，占世界出口总量的23.7%。中国茶叶市场规模在3 000亿元左右，对增加农民收入、发展农村经济具有重要作用。茶叶是热带和亚热带的多年生常绿植物，其生产主要集中在中国秦岭-淮河以南的南方省区；其中，2020年中国六大产茶省分别为云南（46.32万吨）、福建（46.14万吨）、湖北（36.08万吨）、四川（34.42万吨）、湖南（25.01万吨）、贵州（21.1万吨）、浙江（17.72万吨）。

（六）烟草

中国是世界最大的烟草生产国和卷烟消费国，烟叶、卷烟的产量和消费量均占世界的1/3。根据加工方法不同，烟草可以分为烤烟和晒烟两种。目前，中国的烤烟生产以云南、贵州和河南三省的产量较大，云南的烤烟不仅产量大，而且云贵高原特殊土壤生产的烟草质量全国最佳，三省合计约占全国产量的2/3。晒烟以广东、四川、甘肃、广西等省份为主产区。由于烟草的特殊属性，中国采取"总量控制、稍紧平衡"的调控原则，政府持续推进禁烟控烟宣传，加之人们消费观念和健康理念的变化，中国烟叶产量和种植面积自2013年开始逐年下降，烟叶产量由2013年的321.05万吨下降到2020年的213.40万吨。

三、热带作物

中国地域辽阔，南北气候条件差异巨大，大多数热带作物在中国均有种植。全国热带、亚热带地区（以下简称热区）分布在海南、广东、广西、云南、福建、湖南南部及四川、贵州南端的河谷地带和台湾地区，各省区因自然条件等的差异，主要生产的热带作物品种也有较大差别（表3-5）。中国热区土地总面积约为 48 万平方公里（不含台湾），占全国土地总面积 960 万平方公里的 5％；其中，热区耕地总面积 6.3 万平方公里，占上述 8 个省份（不含台湾）耕地总面积的 34.92％。广阔的热区为中国提供了丰富的热带作物资源，热带作物产业已经成为中国农业和农村经济不可或缺的重要组成部分。

表3-5　中国七种主要热带作物基本情况

热带作物	产业发展特点	分布区域
天然橡胶	中国是世界主要的天然橡胶生产国之一；近年来，中国天然橡胶消费迅猛增加，已成为世界上最大的天然橡胶消费国和进口国	海南、云南、广东
木薯	中国木薯产业具有较好的基础，发展木薯生产的潜力很大；但存在良种繁育体系不健全，优质高产木薯新品种推广滞后等问题	广东、广西、海南西部、云南南部、福建西南部
香蕉	中国是香蕉原产地之一，也是世界上主要的香蕉生产国；目前存在的主要问题是主栽品种单一，病虫危害严重，水肥利用率不高，无伤采收技术推广面较小等	广东、海南、广西南部、福建南部、云南南部
荔枝	中国是荔枝的原产地；目前存在的主要问题是品种结构不合理，产品采后处理技术和设施建设滞后，深加工能力不足，产业化程度低，产品流通及市场开拓薄弱，出口潜力没有得到有效的发挥	广东、广西、福建南部、海南中部

（续）

热带作物	产业发展特点	分布区域
龙眼	中国是龙眼原产地，目前存在的主要问题是品种结构不合理，果园管理粗放，单产水平低，采后处理能力不足，加工规模小、技术水平低，产业化链条不完整，抵御进口产品冲击的能力较弱	海南、福建、海南、广东、广西、云南南部
芒果	中国是世界主要芒果生产国之一；目前存在的主要问题是生产水平较低，品种结构不合理，采后商品化处理、贮运、加工滞后，组织化程度不高	云南、海南
菠萝	中国是世界第三大菠萝生产国，菠萝栽培技术和果园管理水平处于世界领先地位，出口量大于进口量	海南、广西南部、云南西南部、广东东部、福建南部

　　中国热带作物产业的发展大致可以分为三个阶段：第一阶段是从 20 世纪 80 年代开始，当时中国政府大力推动天然橡胶种植，热带作物种植开始进入快速发展时期；第二阶段是从 20 世纪 80 年代中期到 20 世纪末，国家实施了亚热带作物开发计划，提出大力发展热带水果，充分开发利用多种热带作物资源，初步形成了以天然橡胶为核心，以热带水果（香蕉、荔枝、龙眼、芒果、菠萝等）、热带糖能（木薯、甘蔗等）、热带工业原料（油棕、木薯、椰子等）、热带香料饮料（咖啡、可可、胡椒等）、热带纤维（剑麻、番麻、蕉麻等）等产业为辅的中国热带作物产业布局；第三阶段是以 21 世纪初中国加入世界贸易组织（WTO）和启动中国-东盟自由贸易区建设进程为标志，中国热带作物产业进入快速发展时期，逐步融入全球经济的合作与竞争，形成了热带作物产业优势提升、全面发展的新格局。目前，中国已经成为

世界热带作物主要生产国之一，热带作物产业的产业化、集约化、标准化和市场化水平不断提升，生产效率和产值规模稳步提高，综合生产能力不断提高，持续发展能力明显增强。

第二节　中国畜牧业生产现状

畜牧业在中国具有悠久的历史，中国畜牧业可以分为农区畜牧业、牧区畜牧业和城郊畜牧业，主要养殖品种有猪、牛、羊、家禽等。随着中国畜牧业产值的不断增加，其在农业中的地位也有所提升。目前，畜牧业已经成为中国农业及农村经济的支柱产业。

随着中国经济的快速发展、城镇化水平的提升、人民消费结构和居民生活水平的改善，肉禽奶蛋等的消费需求在不断增加。随着市场需求的不断变化，畜禽水产品生产顺应市场需求积极调整，生产结构不断优化。总体而言，中国目前的畜禽水产品市场供给充足，质量安全保持较高水平。

从 1990 年至 2020 年，中国主要畜禽（水）产品产量有了很大幅度增加。肉类产量由 1990 年的 2 857.0 万吨增加到 2020 年的 7 748.38 万吨；其中，对中国居民日常消费有重要影响的猪肉产量从 2 281.1 万吨增加到 4 113.33 万吨，牛肉产量从 125.6 万吨增加到 672.45 万吨，羊肉产量从 106.8 万吨增加到 492.31 万吨。禽蛋产量由 794.6 万吨增加到 3 467.76 万吨；牛奶产量由 415.70 万吨增加到 3 440.14 万吨；此外，水产品产量由 1 237.0 万吨增加到 6 549.02 万吨（表 3 - 6）。根据经济合作与发展组织（OECD）数据，2020

年中国人均肉类消费量约 44.4 千克，略高于世界平均水平（33.8 千克/人）。

表 3-6　主要畜禽（水）产品产量情况（万吨）

类别	2000 年	2005 年	2010 年	2015 年	2020 年
肉类	6 013.90	6 938.90	7 925.80	8 749.52	7 748.38
猪肉	3 965.99	4 555.33	5 071.24	5 645.41	4 113.33
牛肉	513.12	568.10	653.06	616.89	672.45
羊肉	264.13	350.06	398.86	439.93	492.31
禽肉	1 191.10	1 464.30	1 656.10	1 826.30	2 361.10
禽蛋	2 182.00	2 438.10	2 762.70	3 046.13	3 467.76
牛奶	827.43	2 753.37	3 575.62	3 179.83	3 440.14
水产品	4 279.00	5 106.10	5 373.00	6 210.97	6 549.02

资料来源：历年《中国农村统计年鉴》。

一、生猪

由于猪肉是中国居民日常生活中最为重要的肉类消费品之一，生猪饲养在中国各省基本都有分布，但养殖主要集中在四川、河南、湖南等省份（表 3-7）。近些年来，中国生猪存栏一直居世界首位。2020 年年底，中国生猪存栏量达到 4.12 亿头，约占世界生猪存栏量的 43.27%[①]。

从 2010 年开始，中国政府出台政策创建标准化养殖场，至 2018 年年底，共创建 4 989 个国家级畜禽标准化示范场，其中国家级生猪标准化示范场 2 066 个，对稳定生猪市场发挥了重要作用。近年来，由于生猪价格波动较大和政府宏观调控等诸多原因，年出栏 50 头以下的中小规模养猪户持续

---

① 联合国粮农组织统计数据库（FAOSTAT）。

退出养殖市场，年出栏 500 头以上的养殖场户出栏生猪比重一直呈增长趋势。

表 3 - 7　中国猪肉主产省份产量情况

省份	猪肉产量（万吨）					2020 年产量占全国比重（%）
	2000 年	2005 年	2010 年	2015 年	2020 年	
四川	419.10	513.69	492.21	512.42	394.80	9.60
湖南	371.76	436.97	412.41	448.02	337.70	8.21
河南	322.88	440.83	408.29	467.96	324.80	7.90
云南	172.64	244.19	242.53	288.59	291.57	7.09
山东	285.88	367.05	353.21	397.44	271.03	6.59
湖北	193.49	256.34	286.95	331.45	203.84	4.96

数据来源：国家统计局。

二、肉牛

中国是世界三大牛肉生产国之一，有着悠久的养牛历史。2020 年，中国牛肉产量为 672.45 万吨，占全球牛肉产量（7 207.03 万吨）的 9.33%[①]。中国肉牛业近几年发展较为迅速的地带是以黄淮海平原为中心的中原农区，以及东北三省和内蒙古东部的东北肉牛带，此外，还有西北肉牛区和西南肉牛区（表 3 - 8）。中原肉牛区是中国肉牛业发展起步较早的一个区域，具有丰富的地方良种资源，南阳牛、鲁西牛两个良种均起源于这一地区。东北肉牛区也是中国肉牛业发展起步较早的一个区域，拥有五大黄牛品种之一的延边牛、蒙古牛、三河牛和草原红牛等地方良种，同时该地区是

---

① 联合国粮农组织统计数据库（FAOSTAT）。

中国粮食主产区之一，具有丰富的饲料资源。西北肉牛区天然草原和草山、草坡面积大，拥有新疆褐牛、陕西秦川牛等地方良种。西南肉牛区农作物副产品资源丰富，草山、草坡较多，草地资源丰富。

表3-8　中国牛肉主产省份产量情况

省份	牛肉产量（万吨）					2020年产量占全国比重（%）
	2000年	2005年	2010年	2015年	2020年	
内蒙古	21.84	33.60	49.71	52.89	66.25	9.85
山东	69.18	80.72	68.66	67.87	59.70	8.88
河北	65.29	86.86	58.08	53.19	55.57	8.31
黑龙江	27.07	31.11	39.04	41.58	48.31	7.18
新疆	22.24	34.22	35.47	40.45	43.99	6.54
云南	12.77	21.73	29.89	34.28	40.94	6.09

数据来源：国家统计局。

三、肉羊

随着中国城乡居民收入水平的不断提高，消费观念逐步转变，羊肉消费量呈上升趋势。同时，羊肉产量也逐年提高，2020年，中国羊肉产量为492.31万吨，稳居世界第一。中国的肉羊在牧区、农区和半农半牧区都有饲养，牧区以绵羊肉生产为主，长江以北农区生产绵羊肉和山羊肉，西南地区拥有丰富的地方特色山羊品种，以山羊肉生产为主。内蒙古和新疆连续多年羊肉产量位居前列，随着养殖规模的扩大和养殖水平的提高，肉羊发展也持续稳定增长，但是受自然资源等因素的限制其所占份额有所下降（表3-9）。

表 3 - 9　中国羊肉主产省份产量情况

省份	羊肉产量（万吨）					2020 年产量占全国比重（%）
	2000 年	2005 年	2010 年	2015 年	2020 年	
内蒙古	31.82	72.43	89.20	92.59	112.97	22.95
新疆	37.50	59.89	46.95	55.43	56.98	11.57
山东	24.80	36.36	32.67	37.09	34.02	6.91
河北	24.59	33.73	29.31	31.67	31.32	6.36
河南	32.00	46.66	25.20	25.90	28.64	5.82
甘肃	7.53	12.46	15.60	19.63	27.60	5.61

数据来源：国家统计局。

四、家禽

　　家禽饲养在中国畜牧业中占有举足轻重的地位，分布广泛，近二十年来，中国家禽产能稳步增长，生产专业化、标准化、规模化水平提升较快。2020 年全国家禽出栏 155.7 亿只，较 2000 年增长了 88.50%；2020 年禽蛋产量 3 467.76 万吨，禽肉产量 2 361.10 万吨，分别较 2000 年增长了 58.93% 和 98.23%。目前，中国禽蛋生产基本上集中在长江以北的省份，山东、河南、河北是中国禽蛋产量前三的省份（表 3 - 10）；禽肉生产则主要集中在东部省份，山东、广东是中国禽肉生产最大的两个省份；另外，安徽、广西、福建、辽宁等也是非常重要的家禽主产省份（表 3 - 11）。

表 3 - 10　中国禽蛋主产省份产量情况

省份	禽蛋产量（万吨）					2020 年产量占全国比重（%）
	2000 年	2005 年	2010 年	2015 年	2020 年	
山东	366.22	441.83	384.28	423.90	480.92	13.87
河南	270.00	375.30	388.59	410.00	449.42	12.96

（续）

省份	禽蛋产量（万吨）					2020 年产量占全国比重（%）
	2000 年	2005 年	2010 年	2015 年	2020 年	
河北	357.03	458.97	339.08	373.59	389.71	11.24
辽宁	140.31	224.05	275.73	276.50	331.90	9.57
江苏	181.38	182.01	190.57	196.23	231.86	6.69

数据来源：国家统计局。

表 3-11　中国禽肉主产省份产量情况

省份	禽肉产量（万吨）			2020 年产量占全国比重（%）
	2010 年	2015 年	2020 年	
山东	238.90	259.60	357.10	15.12
广东	153.00	134.80	195.30	8.27
安徽	104.10	126.00	181.10	7.67
广西	124.90	132.50	179.90	7.62
辽宁	121.90	147.30	154.60	6.55

数据来源：历年《中国农村统计年鉴》。

第三节　中国林草业和渔业生产现状

一、林草业

大力发展林草产业是全面推进乡村振兴、巩固拓展脱贫攻坚成果的必然要求，也是构建新发展格局的重要内容①。"十三五"时期，全国林草系统全面深化林草领域改革，切实加强自然生态系统保护修复，扎实推进以国家公园为主体

---

① 国家林业和草原局．关于林草产业发展［EB/OL］．https：//www.forestry.gov.cn/main/6088/20210304/192147732941613.html.

的自然保护地体系建设，大力发展绿色富民产业，着力提升林草治理体系和治理能力，林草事业改革发展取得明显成效。

（一）生态系统质量不断改善

"十三五"期间，累计完成造林 5.45 亿亩，森林抚育 6.37 亿亩，建设国家储备林 4 805 万亩，森林覆盖率提高到 23.04%，森林蓄积量超过 175 亿立方米，连续 30 年保持"双增长"，成为森林资源增长最多的国家。国有林场改革通过国家验收，国有林场数量由 4 855 个整合为 4 297 个，95.5% 的林场被定为公益性事业单位，保生态、保民生改革目标基本实现。新增国家森林城市 98 个，城市建成区绿地率、绿化覆盖率分别达 37.34%、41.11%，城市人均公园绿地面积达 14.11 平方米，城乡人居环境明显改善。天然林保护范围扩大到全国，全面停止商业性采伐，19.44 亿亩天然乔木林得到休养生息，每年减少天然林资源消耗 3 400 万立方米。

草原保护修复重大工程项目深入实施，人工种草生态修复试点正式启动，落实草原禁牧 12 亿亩、草畜平衡 26 亿亩，草原超载率由 2015 年的 13.5% 下降到 2020 年的 10.1%，天然草原综合植被盖度达到 56.1%，天然草原鲜草总产量突破 11 亿吨。

湿地从抢救性保护进入全面保护阶段，出台了一系列保护管理制度，28 个省份开展了湿地保护立法，启动了红树林保护修复专项行动计划，退化湿地恢复、湿地生态效益补偿稳步实施，五年新增湿地面积 300 多万亩。现有国际重要湿地 64 处、国家重要湿地 29 处、国家湿地公园 899 处，形成了较为完善的湿地保护体系，湿地保护率达 50% 以上。

荒漠化防治方面，累计治理沙化和石漠化土地1.8亿亩，沙化土地封禁保护区面积2 660万亩，荒漠化沙化面积和程度持续降低，四大沙地生态状况整体改善，北方沙尘暴天气次数明显减少[①]。

（二）生态富民成效明显

产业规模稳步增长。2020年全国林业产业总产值达7.55万亿元，一产2.36万亿元，二产3.38万亿元，三产1.81万亿元，形成了经济林产品种植与采集、木材加工及木竹制品制造、林业旅游与休闲服务3个年产值超过万亿元的支柱产业。产品供给能力持续提升，产出与人们衣食住行密切相关的10万多种产品。

发展质量明显提高。产业结构调整进展显著，一产、二产加快转型升级，三产贡献率不断提高。产业集中度持续提高，形成若干特色鲜明的产业集群和产业带。供给侧结构性改革成果持续扩大，"十三五"期间淘汰人造板落后产能超过1.3亿立方米。

市场主体持续壮大。目前，全国有国家林业重点龙头企业511个、国家林业产业示范园区16个、林特类中国特色农产品优势区37个、国家林下经济示范基地550个、国家森林康养基地96个。一些林区山区农民收入的20%左右来自林产品，部分林业重点县超过60%。

新兴产业蓬勃发展。新产品、新技术、新工艺、新模式层出不穷，林业生物质多联产进入产业化阶段，木结构和木竹质建材产业发展方兴未艾，定制家居产业规模突破3 000

---

① 国家林业和草原局．"十三五"林草改革发展成就［EB/OL］. https://www.forestry.gov.cn/main/6088/20210304/192147795558435.html.

亿元。国际贸易稳中有进，2020 年林产品进出口贸易额达 1 600 亿美元，林产品贸易大国地位进一步巩固。

二、渔业

渔业是农业农村经济的重要组成部分，对保障国家粮食安全和重要农产品有效供给、促进农民增收、服务生态文明建设和政治外交大局等具有重要作用。"十三五"期间，渔业发展取得显著成就，水产养殖业绿色发展扎实推进，水生生物资源养护力度持续加大，转方式调结构取得积极进展，质量效益竞争力明显提升。

（一）产业转型升级进一步优化

产业结构不断优化。 2020 年，中国渔业经济总产值 27 543.47 亿元，其中渔业产值 13 517.24 亿元，渔业工业和建筑业产值 5 935.08 亿元，渔业流通和服务业产值 8 091.15 亿元，其中休闲渔业产值 825.72 亿元。2020 年，全国水产品总产量 6 549.02 万吨，其中养殖产量 5 224.20 万吨，捕捞产量 1 324.82 万吨；全国水产品人均占有量 46.39 千克。除传统的养殖、捕捞、加工流通业之外，增殖渔业、休闲渔业蓬勃发展，现代渔业的五大产业体系格局初步建立，产业结构持续调优，渔业一二三产业产值比例由"十二五"末的 51.45∶23.14∶25.41 调整到 49.1∶21.5∶29.4[①]。

水产养殖业绿色发展有效推进。 全国 1 500 个县级人民政府发布了养殖水域滩涂规划，基本覆盖了全国所有水产养

---

① 农业农村部．"十三五"渔业亮点连载｜转型升级步伐加快 渔业高质量发展取得实效［EB/OL］．http://www.yyj.moa.gov.cn/gzdt/202012/t20201208_6357773.htm.

殖主产县。开展水产健康养殖示范创建活动，共创建健康养殖示范场 5 468 个、示范县 49 个。稻渔综合种养异军突起，2019 年全国总面积近 3 500 万亩，年产优质稻谷 1 750 万吨、水产品 290 万吨，带动农民增收超过 600 亿元。盐碱地渔业开发利用取得突破，建立了多元生态养殖模式，实现了盐碱地水产养殖规模化生产。

产业融合发展取得实效。大力推进渔业三产融合发展，提高产业组织化程度和社会化服务水平，"十三五"期间，把水产品加工业和休闲渔业作为推动产业融合发展的抓手和动力，充分发挥水产品加工业接一连三、休闲渔业接二连三作用，延长产业链，提升价值链。截至 2020 年年底，全国水产加工企业 9 136 个，水产冷库 8 188 座。水产加工品总量 2 090.78 万吨，其中海水加工产品 1 679.27 万吨，淡水加工产品 411.51 万吨。据海关总署统计，2020 年中国水产品进出口总量 949.04 万吨、进出口总额 346.06 亿美元；其中出口量 381.18 万吨、出口额 190.41 亿美元；进口量 567.86 万吨、进口额 155.65 亿美元[①]。

（二）资源养护取得历史性突破

实施长江十年禁渔，全面完成长江流域禁捕水域 11.1 万艘渔船、23.1 万名渔民退捕任务，是全球水域生态治理史上的创举。全国已累计拆解渔船超过 2 万艘，国内海洋捕捞产量约 1 000 万吨，海洋捕捞产量控制和减船目标提前完成。全面实施海洋渔业资源总量管理制度，首次实现内陆七大流域、四大海域休禁渔制度全覆盖。压减海洋捕捞渔船超

---

① 农业农村部 . 2020 年全国渔业经济统计公报［EB/OL］. http：//www. yyj. moa. gov. cn/gzdt/202107/t20210728_6372958. htm.

过 4 万艘、150 万千瓦，创建国家级海洋牧场示范区 136 个，增殖放流各类苗种超过 1 500 亿单位[①]。

（三）科技装备支撑显著增强

实施国家海洋渔业生物种质资源库、南极磷虾捕捞船、渔业资源调查船、渔港锚地、大型深远海养殖设施装备等渔业重大项目，为 11 万余艘渔船配备了安全和通导装备。渔业科技进步贡献率从 2015 年的 58% 提升到 2020 年的 63%，获得国家科学技术进步奖 9 项，审定新品种 61 个，制定渔业标准和规范 1 035 项，获得专利 685 项，建设渔业综合性重点实验室 3 个，专业性重点实验室 21 个，综合试验站 25 个。水产养殖技术示范推广成果丰硕，遴选发布 65 个渔业主导品种和 53 项渔业主推技术，推广面积达 300 多万公顷，受益渔民 500 多万人[②]。

① 农业农村部．"十四五"全国渔业发展规划［EB/OL］．http：//www. gov. cn/zhengce/zhengceku/2022－01/07/content_5666859. htm.

② 农业农村部．"十三五"渔业亮点连载｜转型升级步伐加快　渔业高质量发展取得实效［EB/OL］．http：//www. yyj. moa. cn/gzdt/202012/t20201208_6357773. htm.

第四章　中国农产品流通与贸易

随着中国农业生产条件的不断改善，诸多农产品的产量不断增长，为满足日益扩大的市场需求提供了保障。中国农产品流通与贸易体系也随之不断完善，在国内形成以农贸市场、批发市场、期货市场等为依托的市场体系；在国际上则依托美洲、亚洲等进口市场和亚洲、欧洲等主要出口市场，农业贸易结构进一步优化。

第一节　中国农产品流通

一、农产品流通主体

中国农产品流通主体包括农民经纪人、农民专业合作社和专业协会、农业龙头企业。目前中国农民经纪人队伍已达600万人，主要从事农产品流通、科技、信息等一系列中介服务活动。此外，全国运行比较规范、作用比较突出的农民专业合作社、专业协会也超过15万个，在组织引导农民进入流通领域方面发挥了重要作用。同时一大批产业化经营龙头企业发展起来，成为农产品流通的生力军。

目前中国农产品流通的主要形式有：以农村经纪人和运销队伍为主体的经纪、贩运型流通形式；以龙头企业为组织形式的加工贸易型流通形式；以农产品批发市场为龙头的市场带动型流通形式；以专业合作组织为载体的合作型流通形式；以连锁超市为龙头的生产基地及联合采购型流通形式等。

二、农产品流通市场体系

（一）农贸市场

农贸市场主体包括多种经济成分，既有农民和居民，又有国有商业、供销合作社、国有工业企业、乡镇企业、"三资"企业以及个体户等。随着农产品逐步全面放开经营，农贸市场交易品种和数量激增，所有农产品都程度不同地进入了农贸市场，不少农产品在农贸市场的交易量已占其商品量的很大部分。

（二）农产品批发市场

2020 年，中国粮食、油料、果蔬、畜产品、水产品等农产品总产量约 20 亿吨，绝大部分进入流通领域，全国亿元以上农产品批发市场成交额 2.93 万亿元，比 2015 年增长 24.0%。自 2015 年《全国农产品产地市场发展纲要》发布以来，农产品产地市场由自发分散向规范有序转变，由集散交易场所向复合功能平台发展，初步形成了以国家级农产品产地市场为龙头、区域性农产品产地市场为节点、田头市场为基础的农产品产地市场体系。截至 2020 年年底，已启动建设了洛川苹果、舟山水产、赣南脐橙、重庆生猪、斗南花卉、眉县猕猴桃、肇庆南药、忻州杂粮、北镇蔬菜等 21 个全国性农产品产地市场，带动各地建设了一批区域性农产品产地市场和田头市场。"十三五"时期以来，中国农产品流通业蓬勃发展，产销一体化不断融合，新兴业态不断涌现，各类产地流通主体快速发展。2020 年，全国成交额亿元以上农产品产地市场近 500 家，农业产业化龙头企业超 9 万家，依法登记注册的农民合作社 224.9 万个，农业农村部门名录管理的家庭农场 348.1 万个①。

（三）涉农直接融资和农产品期货市场

为进一步支持符合条件的农业企业上市融资，证监会对涉农企业较多的西部地区、贫困地区实行特别支持政策，对西部首发上市企业实施优先审核政策；为贯彻落实国家脱贫攻坚的重大战略举措，证监会于 2016 年 9 月发布《中国证监会关于发挥资本市场作用服务国家脱贫攻坚战略的意见》，明确贫困地区企业申报 IPO 适用"即报即审、审过即发"优惠政策。2020 年以来，共有湘佳股份等 11 家农业企业通过首发上市和再融资募集资金，合计融资 110.57 亿元。其中，首发上市企业 1 家，融资规模 7.59 亿元；再融资企业 10 家，融资规模 102.98 亿元。截至 2020 年 6 月 30 日，累计 565 家涉农企业在新三板挂牌，2013 年至 2020 年 6 月 30 日，累计 304 家涉农企业通过定向发行股票直接融资 223.55 亿元；36 家涉农企业发生收购 40 次，交易金额 63.35 亿元②。近年来，农业板块上市公司逐年增多，但新增数量相对较少，股票市场融资功能有较大的发挥空间。截至 2022 年 2 月，A 股中，103 家农林牧渔行业上市公司总市值为 1.67 万亿元。其中，79 家沪深主板公司合计市值达

---

① 中国政府网. 农业农村部关于印发《"十四五"全国农产品产地市场体系发展规划》的通知［EB/OL］. http：//www. gov. cn/zhengce/zhengceku/2022 - 03/04/content_5676878. htm.

② 中国证券监督管理委员会. 关于政协十三届全国委员会第三次会议第 0835 号提案的答复［EB/OL］. http：//www. csrc. gov. cn/csrc/c101800/cf3f0bd1741f94- c439b77ba5a01eadbfa/content. shtml.

1.13 万亿元，占比达 68％^①。

据《2020 年度中国期货市场发展报告》，中国农产品类包揽全球成交前三名，农产品类成交量和成交额分别为 19.79 亿手和 99.93 万亿元，农产品类成交额涨幅最大，占商品期货成交额增量的 44.91％。目前，中国三家期货交易所中的郑州商品交易所和大连商品交易所都以农产品为主；其中，大豆、玉米、豆粕、豆油、鸡蛋和棕榈油在大连商品交易所上市，小麦、棉花、白糖和菜籽油在郑州商品交易所上市，天然橡胶在上海期货交易所上市。

（四）田头市场

田头市场是建在农产品生产基地，依托家庭农场、农民合作社、农业企业等农业经营主体建设能够辐射带动市场所在村镇及周边村镇（农场）农产品流通的小型农产品专业市场，主要经营水果、蔬菜和特色农产品等对产地商品化处理、储存或加工需求明显的农产品。根据测算，水果田头市场辐射半径 20 千米以上，辐射带动水果种植面积 333.33 公顷以上；蔬菜田头市场辐射半径 10 千米以上，辐射带动蔬菜种植面积 200 公顷以上；水产品田头市场辐射半径 20 千米以上，辐射带动水产品养殖面积 200 公顷以上或渔船 600～1 000 艘以上。田头市场是农产品产地市场体系的重要组成部分，能有效降低农产品流通损失，在田头实现分拣分级、预冷、储存、销售，在加快农产品流通、推动农民持续增收、满足城乡消费需求方面发挥着重要的作用。2014 年以来，农业农村部在河北、云南等 10 多个省份支持建设田头

---

① 证券日报网会.103 家涉农 A 股公司总市值达 1.67 万亿元　资本市场服务乡村振兴空间大［EB/OL］. http://www.zqrb.cn/gscy/qiyexinxi/2022 - 02 - 24/A1645630598292.html.

市场示范点，着重改善基础设施，规范建设标准，强化分等分级和商品化处理，推进农产品"出村进城"[①]。

（五）电子商务

随着互联网经济向农业农村领域的加速渗透，电子商务正成为农产品产地流通的重要推动力。2019 年年底，农业农村部、国家发展改革委、财政部和商务部联合印发了《关于实施"互联网＋"农产品出村进城工程的指导意见》，提出了加强农产品物流体系等 10 项重点任务。2020 年起组织实施"互联网＋"农产品出村进城工程，农产品电商支持政策体系不断完善。开展电商"平台对接"专项行动，组织电商企业开展"庆丰收消费季"等系列促销活动。实施农产品仓储保鲜冷链物流设施建设工程，新增产地冷藏保鲜设施仓容近 500 万吨。2020 年，全国共建成县级电商公共服务中心和物流配送中心 2 120 个，村级电商服务站点 13.7 万个。

随着农村电商发展基础不断增强，农村网民数量增长迅速，农村网商（店）达到 1 500 多万家。根据商务部大数据监测显示，2020 年全国农村网络零售额达 1.79 万亿元，占全国网络零售总额的 15.3%，其中，农村实物网络零售额达 1.63 万亿元，占全国农村网络零售额的 90.93%[②]。2020年全国农产品网络零售额 5 758.8 亿元，比 2015 年增长 2.8倍[③]，832 个国家级贫困县农产品网络零售额总额达到 3 014

---

①　农业农村部. 对十三届全国人大二次会议第 4402 号建议的答复［EB/OL］. https：//www. moa. gov. cn/gk/jyta/201908/t20190805_6322108. htm.

②　商务部电子商务和信息化司. 中国电子商务报告 2020［EB/OL］. ht-tp：//dzsws. mofcom. gov. cn/article/ztxx/ndbg/202109/20210903199156. shtml.

③　农业农村部. 农业农村部关于印发《"十四五"全国农业农村信息化发展规划》的通知［EB/OL］. https：//www. moa. gov. cn/govpublic/SCYJJXXS/202203/t20220309_6391175. htm.

亿元①。大型电商企业加大了农产品领域的开拓力度，已经成为农业电子商务的主力军，各具特色的农产品专业电商平台迅速崛起。产业链、价值链、供应链等现代产业发展理念和组织方式开始引入，预订农业、私人定制农产品应运而生，农业生产资料、休闲农业电子商务开始起步。在国家"互联网＋"行动计划和大力发展电子商务政策措施的推动下，农业电子商务将继续保持快速健康发展的良好势头。

第二节　中国农产品贸易

近年来，中国政府一直致力于完善农业对外开放战略布局，统筹农产品进出口，加快形成农业对外贸易与国内农业发展相互促进的政策体系，实现补充国内市场需求、促进结构调整、保护国内产业和农民利益的有机统一；加强与共建"一带一路"国家和地区及周边国家和地区在农业投资、贸易、科技、动植物检疫等方面的合作；支持中国企业开展多种形式的跨国经营，加强在农产品加工、储运、贸易等环节的合作，培育具有国际竞争力的粮商和农业企业集团。

2021 年中国农产品进出口额 3 041.7 亿美元。其中，出口 843.5 亿美元，增长 10.9%；进口 2 198.2 亿美元，增长 28.6%；贸易逆差 1 354.7 亿美元，增长 42.9%。农产品进出口额在全国进出口总额中所占比重为 5%。农产品进出口市场结构分布比较稳定：出口以亚洲、欧洲、北美洲为主，

---

① 商务部 . 2020 年全国 832 个国家级贫困县网络零售总额超 3 000 亿元 [EB/OL]. http://www.gov.cn/xinwen/2021 - 01/28/content_5583360.htm.

进口以南美洲、北美洲、亚洲为主。农产品进出口产品结构近年来出现一定变化：出口商品以谷物、水产品、蔬菜为主，进口商品以油籽、谷物、植物油和食糖为主。

一、农产品进出口市场结构

加入世界贸易组织（WTO）以来，中国农产品主要出口市场的分布结构比较稳定，始终以亚洲、欧洲以及北美洲为主要出口市场，且对主要出口市场的出口规模不断加强。亚洲是中国农产品第一大出口市场，根据商务部对外贸易司发布的中国农产品进出口统计报告，2021 年对亚洲出口550.5 亿美元，占中国农产品出口总额的 62.26％；欧洲为第二大出口市场，2021 年对欧洲出口 123.1 亿美元，占14.59％；北美洲为第三大出口市场，2021 年对北美洲出口87.1 亿美元，占 10.33％。除上述地区外，中国对非洲、南美洲和大洋洲分别出口 36.5 亿美元、30.6 亿美元和 15.8亿美元，对这三大洲出口金额合计占中国农产品出口总额的 9.83％[①]。

就中国农产品进口市场而言，南美洲、北美洲以及亚洲位居前三位。2021 年南美洲是中国进口农产品第一大洲，进口额为 647.9 亿美元，占中国农产品进口总额的29.47％；从北美洲进口居第二位，为 479.3 亿美元，占21.8％；从亚洲进口居第三位，为 443.6 亿美元，占20.18％；从欧洲、大洋洲以及非洲的进口额分别为 369.4亿美元、207.6 亿美元和 50.3 亿美元，合计占中国农产品

---

① 商务部对外贸易司．中国进出口月度统计报告-农产品 2021 年 12 月［EB/OL］．http：//wms. mofcom. gov. cn/article/zt_ncp/table/2021_12. pdf.

进口总额的 28.54%。

从出口国家和地区来看，2021 年中国香港出口排首位，第 2～6 位的国家和地区依次是：日本、美国、越南、韩国、泰国（图 4-1）。从进口国家和地区看，2021 年进口前六位国家和地区依次是：巴西、美国、泰国、新西兰、印度尼西亚、澳大利亚，这 6 个国家和地区进口额合计占中国农产品进口总额的 57.44%（图 4-2）。

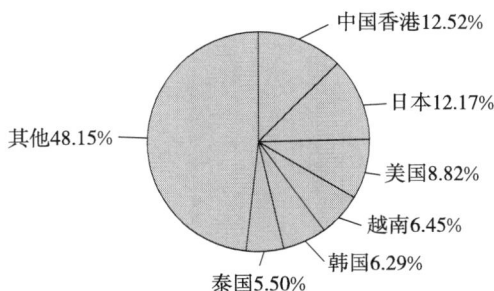

图 4-1　中国农产品出口主要国家和地区

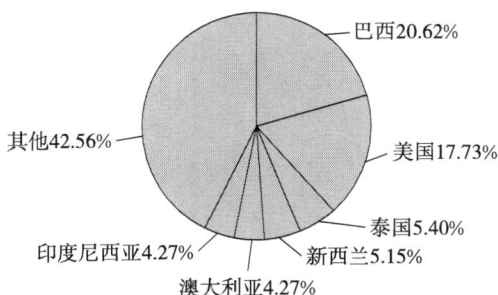

图 4-2　中国农产品进口主要国家和地区

二、农产品进出口产品结构

从各类农产品的出口贸易规模变化来看，粮食、食用植物油等农产品出口量呈现下降趋势，进口量不断增加；而蔬菜、水果、畜产品、水产品进出口量均呈现上涨趋势（表4-1）。2021年三大主要出口优势产品中，蔬菜出口157.7亿美元，水果出口75.1亿美元，水产品出口181.1亿美元。

表4-1　2005年和2021年中国农产品进出口产品结构

主要农产品	出口		进口	
	2005年	2021年	2005年	2021年
谷物（万吨）	1 017.5	262.0	627.2	6 537.6
食用油籽（万吨）	136.0	93.1	2 704.2	10 205.1
食用植物油（万吨）	22.8	12.1	621.3	1 131.5
棉花（万吨）	0.8	—	265.3	234.2
食糖（万吨）	35.8	—	139.0	566.6
蔬菜（亿美元）	44.8	157.7	0.82	11.9
水果（亿美元）	20.3	75.1	6.6	145.2
畜产品（亿美元）	36.0	60.3	42.3	523.4
水产品（亿美元）	78.9	181.1	41.2	219.1

资料来源：中国政府网.2005年我国农产品进出口贸易分析［EB/OL］. http://www.gov.cn/banshi/2006-02/22/content_206898.htm；农业农村部.2021年我国农产品进出口情况［EB/OL］. https://www.moa.gov.cn/ztzl/nybrl/rlxx/202201/t20220127_6387781.htm.

从各类农产品的进口贸易规模变化来看，对比2005年与2021年可以发现，除棉花外，各类农产品的进口贸易规模都有了不同程度的增长，其中谷物、食用油籽、食用植物油、畜产品等农产品的增长幅度比较突出。

三、主要农产品贸易情况

（一）稻米贸易状况

自1997年开始，中国稻米出口量大于进口量，成为稻米净出口国，但是到 2011 年以后，中国稻米进口量大幅增加，成为净进口国，近年来进口量呈现增长态势。具体来说，出口方面，2003 年稻米出口量达到 262 万吨，但之后迅速减少，2015 年仅为 28.72 万吨；进口方面，2001 年以来，除个别年份外，进口量均在 50 万吨以下，但 2012 年开始增至 200 万吨以上。2020 年稻米出口量为 230.5 万吨，进口量为 294.3 万吨（图 4 - 3）。

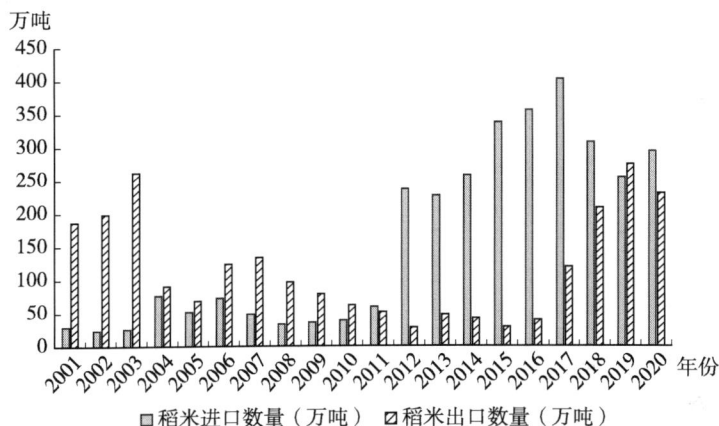

图 4 - 3　2001—2020 年中国稻米贸易变化情况

资料来源：根据历年农业农村部《我国农产品贸易情况》整理。

（二）小麦贸易状况

在中国加入 WTO 之前，中国基本上是小麦净进口国，小麦出口量较少。2001 年以后，中国小麦贸易净进口和净出口状态交替出现，且在 2002 年和 2003 年连续净出口，特别是 2006 年和 2007 年出口量大幅增加，分别达到 151.0 万吨和 307.3 万吨。到 2009 年，进入到新一轮的净进口状态且一直延续至今，2020 年进出口量分别达 837.6 万吨和

18.1万吨（图4-4）。

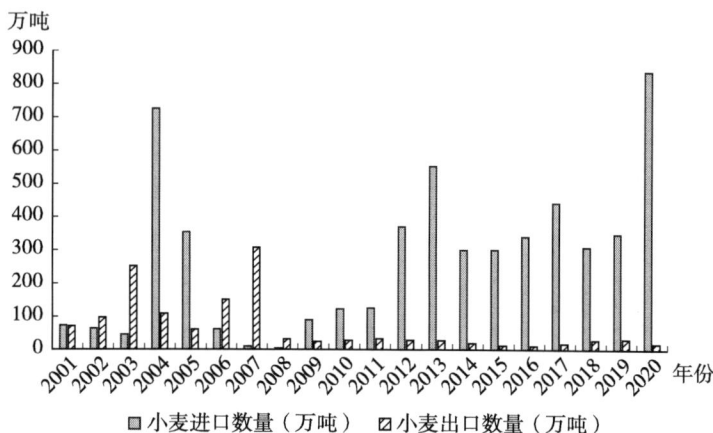

图4-4 2001—2020年中国小麦贸易变化情况

资料来源：根据历年农业农村部《我国农产品贸易情况》整理。

（三）玉米贸易状况

2009年以前，中国基本上是玉米净出口国。2009年以后，中国玉米贸易由净出口转变为净进口，且进口增幅相当大，且近年来中国玉米进口量呈现出波动上升的趋势。具体来看，出口方面，2002年和2003年，受国际市场玉米价格上涨和国家免征大宗谷物铁路建设基金以及玉米出口增值税零税率等的影响，中国玉米出口量达到1 167.5万吨和1 639.1万吨（图4-5）。2004年以来，受国际粮食市场行情和国家宏观经济政策等多方面因素的影响，玉米出口受到限制，2004年出口232.4万吨且呈现逐年下降趋势，到2015年仅出口1.1万吨。进口方面，加入WTO以来，2001—2009年中国玉米进口量均在10万吨以下，但是2010—2011年进口量较往年出现很大幅度增加，分别达到

157.3 万吨和 175.4 万吨，在 2012 年达到 520.8 万吨后在 2013 年和 2014 年又持续下降，2015 年增加至 473 万吨，之后又持续两年下降，之后又逐年增加，2020 年进口总量高达 1 129.6 万吨。

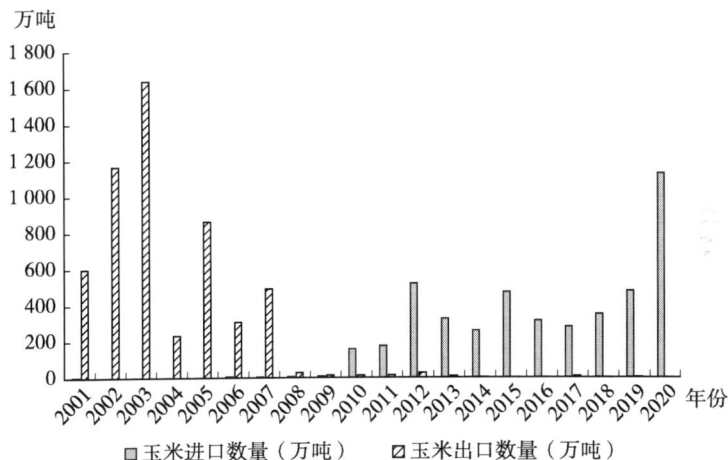

图 4-5 2001—2020 年中国玉米贸易变化情况

资料来源：根据历年农业农村部《我国农产品贸易情况》整理。

(四) 大豆贸易状况

中国大豆出口量的年际变化总体上相对较小，基本稳定在 50 万吨以下；但是大豆进口量自 1996 年出现净进口之后一直飙升，尤其是加入 WTO 之后，更是快速增加，2020 年已经达到 10 032.7 万吨，中国已经成为世界最大的大豆进口国（图 4-6）。究其原因，主要是全球大豆产量持续处于高位、供给宽松，且大豆价格处于低位，而中国国内对大豆的需求继续提升，特别是中国饲料行业对大豆植物蛋白需求的持续增加，导致大豆进口量创新高。此外，食用油需求的不断增长也是重要原因，中国植物油年消费量从 2002 年不足 1 370 万吨增加到 2020 年的 3 554 万吨，而作为食用油最主要加工原料的大豆的需求量也随之增加。

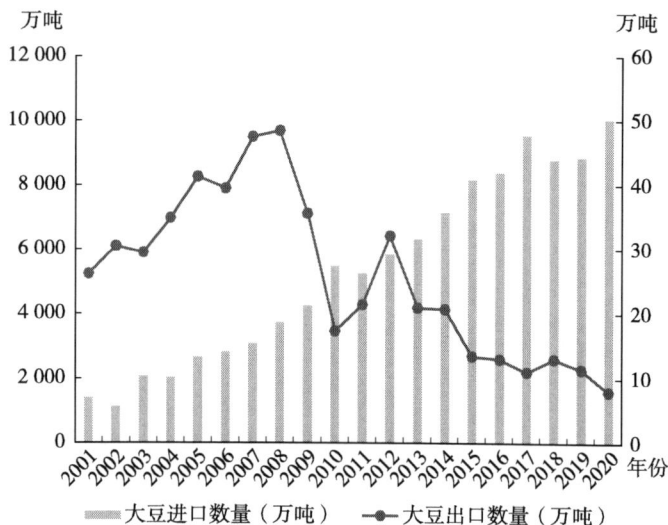

图 4-6 2001—2020 年中国大豆贸易变化情况

资料来源：根据历年农业农村部《我国农产品贸易情况》整理。

（五）棉花贸易状况

2001 年以来，中国逐渐由棉花净出口国转变为净进口国。具体来看，出口方面，中国棉花出口量从 2001 年的 6 万吨降至 2010 年的 0.7 万吨，随后几年出现波动增长，但基本维持在 3 万吨以下，2015 年出口有所回升，达到 3 万吨，2019 年达到 5 万吨，2020 年又回落到 3 万吨（图 4-7）。进口方面，自 2003 年棉花进口量接近 100 万吨之后进入了快速增加阶段，到 2006 年已达到 398 万吨，2012 年突破 500 万吨，达到历史最高水平。但是由于国际棉纺织行业低迷以及国内棉花产量相对充足等多方面原因，近年来中国棉

花进口量出现下降，2016 年降至 124 万吨，之后逐年上升，
2020 年已经回升至 223.2 万吨。

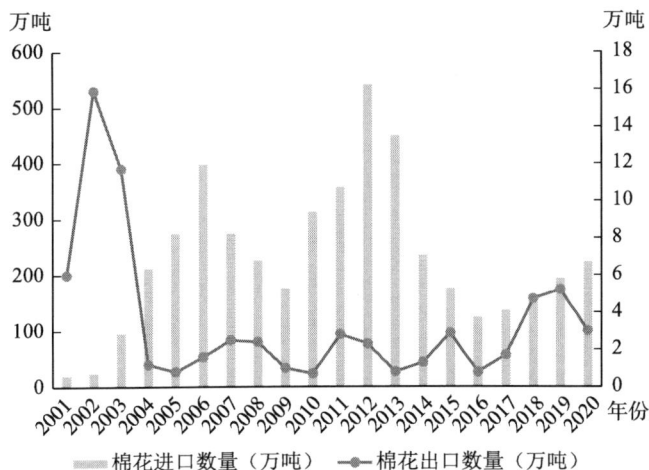

图 4-7 2001—2020 年中国棉花贸易变化情况

资料来源：根据历年农业农村部《我国农产品贸易情况》整理。

第五章　中国农业科技

中国政府历来十分重视发展农业科技，经过几十年的不断发展，形成了国家、省级、市级为主的农业科研体系，农业科研人员数量和综合素质不断提升，农业科技成果在提升农业生产力方面起到了关键作用。结合农村现状的不断变化，中国的农业科技推广体系也逐步建立和完善，目前已经建立起从国家到省、市、县、乡等覆盖全面广泛的农业技术推广体系。

第一节　中国农业科技现状

一、中国农业科研现状

（一）中国农业科研机构

中国农业科研机构包括国家级农业科研机构、省级农业科研机构以及市级农业科研机构。其中国家级农业科研机构有中国农业科学院、中国热带农业科学院、中国林业科学院、中国水产科学院；省级农业科研机构主要是各省农业科学院；市级农业科研机构主要是地市级农业科学院。

（二）中国农业科研人才

1990 年，全国涉农（农、林、牧、渔、水利业）研究与开发机构 1 552 个，机构职工总数 15.99 万人，其中从事科技活动人员 11.64 万人，占职工总数的 72.80％。2000年，分行业自然科学技术领域，全国涉农（农、林、牧渔业）研究与开发机构职工总数 10.9 万人，其中从事科技活动人员 6.23 万人，占职工总数的 57.14％。2010年，按服务的国民经济行业分，全国涉农（农、林、牧、渔服务业）研究与开发机构 1 254 个，机构职工总数 9.96 万人，从事科技活动人员合计 4.51 万人，拥有博士学位的有 4 140 人，拥有硕士学位的有 10 667 人。2020年，按服务的国民经济行业分，全国涉农（农、林、牧、渔业）研究与开发机构 949 个，从事科技活动人员合计 57 655 人，拥有博士学位的有 11 448 人，拥有硕士学位的有 18 902 人[①]。

(三)中国农业科研条件

为进一步聚焦农业农村现代化发展要求，促进农业产业现代化，及时发现和解决生产中的技术难题，农业农村部、财政部联合按照生产全过程建立体系架构，按照全产业链配置科技力量，构建了以水稻、蔬菜、生猪、柑橘、淡水鱼等50个主要农产品的现代农业产业技术体系；每个体系由产业技术研发中心和若干综合试验站构成，产业技术研发中心下设若干功能研究室，产业技术研发中心设 1 个首席科学家岗位，每个功能研究室设若干岗位科学家岗位，并从中遴选1 名研究室主任，每个综合试验站设 1 个站长岗位；共聘用1 424 名岗位科学家，1 250 名试验站站长[②]。截至 2021 年，

---

① 资料来源：历年《中国科技统计年鉴》。

② 农业农村部 . 农业现代化辉煌五年系列宣传之十：国家现代农业产业技术体系 助力农业高质量发展［EB/OL］. http：//www.jhs.moa.gov.cn/ghgl/202105/t20210520_6368049.htm.

组建了 216 个国家级育制种基地①以及 116 个国家农业科学观测实验站②③，为保障国家粮食安全、支撑农业可持续发展提供了有力支撑。2020 年，中国农业科技进步贡献率达到 60.7%④。

（四）中国农业科技计划体系

随着中国农业科技体系的不断发展，育种与繁育、栽培与营养、病虫害与疫病研究已不再是科研计划长期的重点支持对象，利用现代生物技术和微生物学理论开展农业生态环境治理、资源保护与生物质能源利用等研究已逐渐成为科研计划支持的新兴课题。中国政府相继规划出台重大科技计划，设立了引进国际先进农业科学技术计划；设立了公益性行业（农业）科研专项经费项目，开展应急性、培育性、基础性科研等；为支撑农业科技创新和发展，设立了农业科技跨越计划以及丰收计划等。

二、中国农业科技推广现状

（一）中国农业科技推广机构

中国农业科技推广机构包括国家级全国农业技术推广服务中心、全国水产技术推广总站和省、市、县、乡（镇）等

---

① 农业农村部. 我国国家级育制种基地增加到 216 个［EB/OL］. https：//www. moa. cn/ztzl/ymksn/spbd/xwlb/202204/t20220415_6396503. htm.

② 农业部. 农业部办公厅关于确定第一批国家农业科学观测实验站的通知［EB/OL］. https：//www. moa. gov. cn/gk/tzgg_1/tfw/201802/t20180201_6136233. htm.

③ 农业农村部. 农业农村部办公厅关于确定第二批国家农业科学观测实验站的通知［EB/OL］. https：//www. moa. gov. cn/nybgb/2019/201907/202001/t20200102_6334210. htm.

④ 农业农村部. 2020 年我国农业科技进步贡献率达 60.7%［EB/OL］. https：//www. moa. gov. cn/xw/shipin/xwzx/202111/t20211123_6382809. htm.

农业（水产）技术推广中心，植保总站，畜牧总站（防疫监督所）。2022 年，为推广经验，进一步调动农技推广机构和农业科技社会化服务组织的积极性，农业农村部遴选推介北京市昌平区农业机械化技术推广站等 150 个单位为全国星级基层农技推广机构，鼓励农技推广机构积极探索科技服务产业发展新机制新模式，不断提升服务能力和水平[①]。

（二）基层农技推广体系现状

为大力促进农业发展，中国建立了从国家到省、市、县、乡（镇）等覆盖全面广泛的农业技术推广体系，其中县、乡（镇）两级的农业技术推广站在整个体系中占据主体地位。截至 2019 年年底，全国共建成县乡基层农技推广机构 7.49 万个，其中，县级 1.82 万个，乡（镇）级 5.41 万个，基层农技推广机构普遍健全[②]。在动物医疗防疫方面，2020 年全国共确认官方兽医 12 万人[③]，全国兽医工作体系基本建成。此外，中国已经成功申请猪繁殖与呼吸综合征、猪瘟等 6 家世界动物卫生组织（WOAH）参考实验室，中国代表获选 WOAH 亚太区域主席，2 名专家当选 WOAH 专业委员会委员。

（三）农技推广示范县

2009 年中国政府启动实施"基层农技推广体系改革与建设示范县项目"，至 2012 年年底中央财政累计安排资金

---

① 农业农村部. 农业农村部办公厅关于公布全国星级基层农技推广机构和星级农业科技社会化服务组织名单的通知［EB/OL］. http：//www. gov. cn/xin-wen/2022 - 01/19/content_5669307. htm.

② 农民日报. 农技推广队伍：一支脱贫攻坚的先锋队［EB/OL］. https：//szb. farmer. com. cn/2019/20190809/20190809_008/20190809_008_1. htm.

③ 农业农村部. 农业农村部关于印发《"十四五"全国畜牧兽医行业发展规划》的通知［EB/OL］. https：//www. moa. gov. cn/govpublic/xmsyj/202112/t20211220_6385081. htm.

49.7 亿元，支持 3 355 个县开展了农技推广工作经费补贴试点。此外，2012—2015 年中央财政每年投入 26 亿元，用于全国 2 550 个农业县开展基层农技推广体系改革与建设工作，带动地方财政投入约 100 亿元支持农技推广工作。2021年，在全国 2 300 多个农业县建设了 5 000 个农业科技示范展示基地，选择 40 万农业科技示范主体，点对面示范辐射带动小农户生产。开展多层级先进适用技术集成示范，遴选发布水稻侧深施肥等 10 项引领性技术；组织全国 2 300 多个农业县构建"专家＋农技人员＋示范基地＋示范主体＋小农户"的链式推广服务模式，加快主推技术进村入户到企。推进科技与县域产业融合，重点选择 100 个示范县，强化体系成果在县域范围内集中示范培训和推广应用，打造"一县一业"科技引领示范样板[①]。

（四）农业科技推广实践

中国政府历来十分重视农业技术推广工作，2012 年新修订了《农业技术推广法》并自 2013 年 1 月 1 日开始施行，中央及地方各级农业主管部门和其他相关部门不断强化农技推广体系改革与建设。一方面，持续加快产学研融合平台建设，推进科技与区域经济融合。截至 2020 年已启动建设 5个现代农业产业科技创新中心，有 314 个高水平科研团队、264 家高科技企业、34 支高质量基金入驻中心，"农业硅谷"和区域经济增长极初步形成；推进科技与企业融合，打造了一批产学研一体化的国家农业科技创新联盟，14 个创新联盟实体化运行。另一方面，加快培育高素质农民，实施主体

---

① 农业农村部 . 农业科技创新和成果推广应用取得标志性成果［EB/OL］. https：//www.moa.gov.cn/xw/zwdt/202012/t20201231_6359253.htm.

带头人培养行动。2020 年培训农业带头人 19.4 万人，培训返乡下乡创新创业者 1.5 万人，培训专业种养加能手 12.3 万人；联合教育部开展高职扩招培养高素质农民，打造 100 所人才培养优质院校，探索构建短期技能培训、职业技能培训和学历教育相互衔接贯通的新型人才培养体系。

三、中国农业教育现状

中国农业教育机构包括农业农村部和教育部专门机构、各农业大学以及农业职业院校。

（一）农业高等教育

农业高等教育是培养农业农村高层次人才的主要渠道，是农业科学技术研究的重要基地。为进一步支持农业高等教育发展，培育农业专门人才，农业部于 2010 年 12 月启动了与地方政府共建农业大学的工作，共有 16 所农业大学被列为农业部与地方政府共建大学；同时在专业设置和课程内容调整、学科建设、技术研发和人才培养、农业技术推广、教学实习基地和学生社会实践等方面给予相应支持。

根据 2022 年公布的全国高等学校名单，全国共有普通高校 3 013 所［本科院校 1 270 所，高职（专科）院校 1 489 所］，其中独立设置的农林高校 78 所（本科院校 40 所，专科院校 29 所，独立学院 9 所）。近几年，国内几所重点农林类大学的建设规划以"特色""高水平""一流"为关键词。

（二）高素质农民培育

"十三五"时期以来，中国加快建设具有中国特色的农民教育培训体系，基本形成农业农村部门牵头，公益性培训机构为主体，市场力量和多方资源共同参与的教育培训体系。各级农业广播电视学校的支撑作用更加突出，涉农院校投入农业农村人才培养力度更加有力，科研院所、农民合作社、农业企业、农业园区等多元力量参与农民培训更加广泛。五年间，农业农村部积极发动社会力量，联合全国妇联开展高素质女性农民培养，联合中国科学技术协会开展乡村振兴农民科学素质提升行动，联合共青团中央评选"全国农村青年致富带头人"，联合国家农业信贷担保联盟有限责任公司开展金融担保服务支持农民发展，吸引大批企业积极参与培育工作，为农民发展注入强劲市场动能。

"十三五"期间，中国大力实施高素质农民培育计划，每年培训农民 100 万人；培育家庭农场经营者、农民合作社负责人等各类新型经营服务主体带头人超过 200 万人，培养现代青年农场主、创新创业青年等年轻力量 5 万人，培育农业经理人等经营管理人才 1.6 万人[①]。

第二节　主要农业技术与推广应用

一、新品种培育技术

中国超级稻高产理论研究与新品种选育方面，先后建立和完善了杂交水稻"三系"和"两系"理论与技术，并育成了一批高产和超级稻新品种。"十三五"期间，超级稻亩产突破 1 000 千克，全国水稻各科技创新团队选育了多个亩产超过 1 000 千克的超级稻新品种，年均推广面积超过 1.3 亿亩，有力带动了全国水稻单产水平的提高，是中国农业科技自主创新、协同攻关的成功典范。

---

① 农业农村部. 农业现代化辉煌五年系列宣传之十九：高素质农民　农业现代化主力军［EB/OL］. http：//www.ghs.moa.gov.cn/ghgl/202106/t20210611_6369491.htm.

小麦杂交育种、轮回选择、系统选育等传统育种不断取得突破，分子标记辅助育种技术等高新技术不断创新，育成了北京系列、豫麦系列、鲁麦系列、优质小麦'中麦578'等高产新品种。"十三五"期间，冬小麦节水新品种与配套技术集成应用，攻克了节水品种不优质、不增产的技术难题，实现了小麦"节水、省肥、简化、高产"四统一，5年累计推广1.1亿多亩，为破解华北地区水资源匮乏、地下水超采做出了重要贡献①。

玉米杂交育种全面实现了三系配套，成功培育出具有重大影响的农大系列、郑单系列、鲁单系列、'中单808'等玉米杂交品种，超过了从美国、欧洲引进的优良玉米新品种，成为中国玉米生产的主导品种。

"十三五"期间，中国农科院选育的作物重大新品种不断涌现，如中谷系列谷子、中绿系列绿豆、中红系列红小豆等杂粮新品种②。

在经济、园艺及特色作物新品种培育与农产品生产方面，先后培育并大面积推广了46个具有自主知识产权的优质转基因抗虫棉新品种，种植面积占中国Bt抗虫棉推广种植面积的85%以上，累计为棉农增收节支约300亿元。育成了世界上第一个可实际应用的甘蓝显性雄性不育系，实现甘蓝育种技术的革命性突破，国产品种已占全国甘蓝种植面积的80%以上。近几年选育出一批在产量、品质、抗病虫性、抗逆性等性状达到或优于国外同类品种的水果、蔬菜、

---

① 农业农村部．"十三五"十大农业科技标志性成果发布［EB/OL］．http：//www.moa.gov.cn/xw/bmdt/202011/t20201127_6357120.htm.

② 中国政府网．中国农科院粮食作物重大新品种培育取得新进展［EB/OL］．http：//www.gov.cn/xinwen/2021－01/13/content_5579335.htm.

花卉、茶叶等新品种，改变了中国部分园艺作物品种过度依赖外国品种的局面。例如，培育出中甘、中薯、中农、中白系列甘蓝、马铃薯、黄瓜、大白菜优质抗病新品种[①]。黄瓜、番茄、白菜等蔬菜基因组学研究利用国际领先，攻克了利用多组学研究作物复杂性状的重大难题，打通了从基因组到蔬菜新品种的技术通路，引领了国际蔬菜育种新方向，奠定了中国优良蔬菜品种培育的理论基础。此外，"十三五"期间，着力推进油菜种质资源保藏创制，构建了世界上保存数量最多、信息量最大的油菜种植库。在全球主导甘蓝型油菜全基因组测序和分析，鉴定出含油量和产量调控的亲本资源和功能基因，育成的油菜新品系 Q924 含油量达 65.2％，创造了世界上已报道的油菜含油量最高值，使我国油菜高油育种跃居国际领先行列。先后育成了一系列集超高油、高产、优质、抗病于一体的适宜机械化生产的油菜新品种。其中，'中油杂 19'是我国第一个含油量达 50％的国审冬油菜品种，并具有高抗倒伏、抗裂角、抗菌核病和菜薹高含维生素 C、菜籽油脂肪酸组成合理等突出优势，平均单位产油量比对照增长 1 倍以上[②]。

中国是世界上畜禽遗传资源最丰富的国家之一。《国家畜禽遗传资源品种名录（2021 年版）》收录畜禽地方品种、培育品种、引入品种及配套系 948 个。在畜禽、水产新品种培育及其产品生产方面，培育出一批具有中国自主知识产权

① 中国政府网.中国农科院取得一批经济与园艺作物科研新成果［EB/OL］.http：//www.gov.cn/xinwen/2020－07/27/content_5530361.htm.

② 中国农业科学院.【十三五巡礼】中国农科院科技支撑稳产保供系列之六：油菜篇［EB/OL］. https：//www.caas.cn/xwzx/nkyw/d63ba81610e040e29bdfd91eb9464eba.htm.

的优质畜禽新品种。在猪、肉牛、山羊、肉鸡、肉鸭、马等主要畜禽基因组解析、功能基因克隆以及育种关键技术研发等方面取得了系列重大进展，为畜禽遗传改良与育种提供了理论基础与技术支撑。围绕生长、肉质、抗病等重要经济性状，利用多品种、大群体开展了系列表型组研究和功能基因发掘。鉴定出一批对猪、白羽肉鸡、鸭、肉牛、马、绵羊等畜禽具有重大育种价值的功能基因。针对中国畜禽种源创新关键技术问题，突破了一批有关猪、肉鸡、肉牛等畜禽的育种关键技术，为畜禽育种植入"中国芯"①。

在热带作物育种方面，"橡胶树国外优良无性系的引种试验与应用"研究成果获国家科技进步一等奖，使中国植胶业提前 30 年实现良种化，育成一批橡胶新品种，综合性状达到了世界先进水平。育成 32 个热带牧草新品种，新品种累计推广面积达 4 000 多万亩。培育成功 10 个木薯新品种，良种推广面积达到 45% 以上，年产值 1.5 亿元以上；2022 年，中国热带农业科学院又培育出 4 个木薯新品种，在海南、广西等地累计推广面积 5.2 万亩，鲜薯产值约8 000 万元。

二、栽培养殖技术

在水稻栽培技术方面，旱育稀植培育、水稻抛秧栽培技术已经覆盖中国主要水稻产区。据农业农村部数据，截至2018 年年底，全国超级稻累计推广应用 14.8 亿亩，年种植面积由 2005 年的 3 837 万亩扩大到了 2013 年的 1.3 亿亩。

---

① 中国科学报．科技创新引领畜牧业高质量发展［EB/OL］．https：//news. sciencenet. cn/htmlnews/2021/5/457888. shtm.

近几年里，超级稻应用面积一直稳定在 1.3 亿亩以上，单个品种平均应用面积约为 100 万亩，超级稻龙粳 31 年均种植面积突破 1 600 万亩[①]。在玉米栽培技术方面，高产、超高产玉米栽培技术模式不断更新，促进玉米单产在 30 年内提高近 1 倍。随着农作物栽培技术水平的持续提高，一年多熟的种植方式发展迅速，30 年来农田复种指数提高了近 10 个百分点，相当于增加农作物播种面积 1 067 万公顷。

畜禽养殖技术包括良种推广及人工授精技术、规模化畜禽养殖技术、饲料配方及加工技术、疫病防治技术等。2022 年，农业农村部、生态环境部联合发布《畜禽养殖场（户）粪污处理设施建设技术指南》，指导畜禽养殖场（户）科学建设粪污资源化利用设施，提高设施装备配套和整体建设水平，促进畜牧业绿色发展。2021 年，农业农村部组织实施水产绿色健康养殖技术推广"五大行动"，共培育"五大行动"骨干基地 984 个，示范面积 492 万亩，示范推广水产新品种 96 个。骨干基地实现生态健康养殖模式全覆盖，养殖尾水实现循环综合利用或达标排放，水产养殖用兽药总使用量同比减少 7%，配合饲料替代率平均达到 77%[②]。

为提升农产品质量和保障食品安全，在大宗农作物生产方面，建立了无公害水稻、优质专用小麦、优质专用玉米、优质抗虫棉等作物的规范化、标准化生产技术模式；在畜禽

---

① 经济日报 . 超级稻造福人 [EB/OL]. http：//paper. ce. cn/jjrb/html/2019 - 06/12/content_393411. htm.

② 农业农村部 . 关于做好 2022 年水产绿色健康养殖技术推广"五大行动"工作的通知 [EB/OL]. http：//www. yyj. moa. gov. cn/gzdt/202202/t20220214_6388630. htm.

生产方面，推广饲料安全技术和畜禽产品安全监测技术；在水产养殖方面，建立无公害水产养殖技术模式，实行水质调控等技术手段，形成从鱼苗到商品鱼的全过程无公害养殖技术体系。

三、重大病害防治技术

在作物病虫害防治理论、方法与技术上，阐明了蝗虫、黏虫、棉铃虫、玉米螟等主要农作物重大病虫害的灾变规律，建立了综合防治技术体系并在生产上进行试验示范和推广应用。先后育成并大面积推广应用转基因抗虫棉花新品种，有效控制了棉铃虫等虫害，基本确定了以生态控制为基础、化学应急防治为补充的蝗害可持续控制技术体系。在农药研究上，中国化学杀虫剂、除草剂、杀菌剂发展迅速，部分产品达到国际先进水平。部分农用抗生素产品超过国内外同类化学农药的防治效果，对黄瓜和油菜等多种农作物真菌病害防效显著。以 Bt 杀虫蛋白、井冈霉素和阿维菌素为主的各类微生物杀虫剂、杀菌剂快速发展，微生物农药龙头企业产业化初具规模。

在动物疫苗上，H5N2 禽流感基因工程疫苗成为中国及东南亚等部分国家、地区防控高致病性禽流感的核心支撑技术，产生重大的社会经济和国际影响；利用病毒反向基因操作技术，研制出国际上最新型的 H5N1 基因重组禽流感灭活工程疫苗，首次成功解决了水禽缺乏有效禽流感疫苗这一世界性难题，是目前全球唯一大规模应用的人类或动物流感病毒反向遗传操作工程疫苗。

在兽药研发上，目前已经取得乙酰甲喹、海南霉素和喹烯酮等一类兽药证书。其中，喹烯酮是目前中国第一个拥有自主知识产权的兽用化学药物饲料添加新产品，也是新中国成立以来第一个获得国家一类新兽药证书的兽用化学药物。该产品填补了国内外对新型、高效、无毒、无残留兽用化学药物需求的空白，具有显著促生长效果。

四、农业机械化、设施农业与农产品加工技术

在农业机械化上，中国的小麦生产已经基本实现了全程机械化，水稻种植和收获两个关键环节的农业机械化技术和装备制造取得突破性进展，高性能水稻联合收割机保有量快速增长，减轻了水稻生产的劳动强度。玉米、棉花等大田作物的机械化技术越来越成熟，机具质量和性能不断提高。

在设施农业上，中国发展和建立了一大批温室生产企业和温室设备配套企业，近年来，大型连栋温室以每年超过100公顷的速度增长；2020年温室 1 872 616.4 万平方米[①]。2017 年，中国设施农业面积达到 370 万公顷，居世界首位[②]。

五、农业生物技术、信息技术等高新技术

在农业生物技术上，通过分子标记等育种技术，成功选育了一批农作物新品种，如高油大豆等品种。转基因技术研究方面，开展了转基因抗虫棉、转基因水稻、转基因牛、转基因鱼等研究，获得了一批小麦、水稻、棉花、油菜、杨

---

① 农业农村部 . 2020 年全国农业机械化发展统计公报［EB/OL］. http：//www. njhs. moa. gov. cn/nyjxhqk/202109/t20210908_6376013. htm.
② 骆飞，徐海斌，左志宇，等 . 我国设施农业发展现状、存在不足及对策［J］. 江苏农业科学，2020，48（10）：57 - 62.

树、牛、羊等重要动植物转基因工程品系，跨入国际先进行列。

在农业信息技术上，构建适合中国国情的精准农业高效节约生产技术体系和精准施肥模型，研制了系列精准变量作业的旋耕施肥机、变量播种机、变量喷药机等智能农机具；建立了畜禽动物信息采集系统，构建了奶牛、猪和肉鸡育种繁殖、饲料管理和疾病防治的综合信息管理平台；研制成功区域节水型农作制度与节水高效农业技术的计算机管理与智能决策、促进区域节水技术的规范化和标准化而开发的计算机软件。基于网络化、数字化、标准化的农业基础信息采集、处理、存储、积累、服务的研究和应用已基本成熟，进入实用化阶段。通过国家和地方信息化建设项目基本形成了具有一定规模的农业信息服务体系框架。近年来，农业信息技术发展迅猛，如 3S 技术（全球定位技术、地理信息系统和遥感技术）广泛应用于农业生产资源监控、生产过程管理及农产品流通环节；农业专家系统通过运用信息标记、梳理及知识获取等技术，为农户答疑解惑；部分地区将农业自动化技术运用于无土栽培、滴水灌溉、农业收割等农业生产中，有效解放了劳动力，提高了农业生产效率和经济收益；同时，中国还建立了不同技术类型的农业数据库，为农业行业信息获取与分析提供了多种渠道和资源①。

---

① 闫雪，罗斌，王成. 农业信息技术应用现状及发展趋势［J］. 贵州农业科学，2021，49（10）：117－123.

第六章　中国农村产业

中国乡村长期以来以农业主导，改革开放后乡镇企业异军突起，开启了乡村工业化历程，在此背景下，随着经济社会发展以及在各种支农政策的推动下，乡村产业结构以一二三产业融合为路径逐渐丰富和深化。随着党的十九大明确提出要实施乡村振兴战略，产业兴旺作为乡村振兴的基础和关键、作为解决农村一切问题的前提，其重要性不言而喻。乡村产业内涵丰富、类型多样，农产品加工业提升农业价值，乡村特色产业拓宽产业门类，休闲农业拓展农业功能，乡村新型服务业丰富业态类型，是提升农业、繁荣农村、富裕农民的主要途径。近年来，农村创新创业环境不断改善，新产业新业态大量涌现，乡村产业发展取得了积极成效。

第一节　中国农村产业融合发展

一、农产品加工业

农产品加工业是国民经济的重要产业，一头连着农业、农村和农民，一头连着工业、城市和市民，沟通城乡，亦工亦农，是国民经济工业体系中重要的组成部分，其发展质量关系到农产品供给保障、农业综合效益、一二三产业融合和农业现代化建设。

20 世纪前期，伴随着民族工业的产生和发展，纺织、造纸、烟草及少量食品、粮食加工建成较为庞大的系统工业，其他产品的加工模式基本上是传统的、作坊式的小型加工。21 世纪后，中国农业生产大幅增长，主要工农业产品产量跃居世界前列，谷物、肉类等主要农产品产量居世界第一位①。"十三五"规划的实施，促使工农业总产值不断增长，国际影响力和竞争力显著增强②。进入 21 世纪以来，中国经济发展持续稳步增长，农产品加工业工艺技术水平等不断提升。2000—2015 年，中国农产品加工业企业数量和营业收入快速增加，规模和创新能力不断增加，农产品加工业与农业总产值比提高到约 2.2：1，农产品加工转化率达到 65％。农副产品加工业企业数量和主营业务收入均大于其他行业，2019 年农副食品加工业大中型企业主营业务收入超过 1.5 万亿元，利润总额达 982 亿元。"十三五"期间，"三产融合"极大推动了旅游业和传统手工业的发展，手工制品的利润总额快速增加。产业规模扩大和产品利润增长吸引大量资本投入，促进行业创新能力增加。"十三五"期间，国家大力发展农产品加工业。2019 年，全国建成农产品加工园 1 600 个，发展规模以上农产品加工企业 8.1 万家，农产品加工业营业收入超过 22 万亿元，吸纳 3 000 多万人就业③。

① 国家统计局国际统计中心 . 壮丽 70 年综合国力显著增强国际影响大幅提升 [J]. 中国外资，2019 (19)：36 - 38.

② 李金华 . 新中国 13 个五年计划的历史贡献与未来启示 [J]. 东南学术，2019 (5)：18 - 31.

③ 安然 . 农业农村发展持续稳定向好　农民群众的获得感和幸福感不断增强——国务院新闻办就"十三五"时期农业农村发展主要成就有关情况举行发布会 [J]. 中国食品，2020 (22)：18 - 25.

二、乡村特色产业

乡土特色产业是指根植于农业农村特定资源环境，由当地农民主办，彰显地域特色、开发乡村价值、具有独特品质和小众类消费群体的产业，涵盖特色种养、特色加工、特色食品、特色制造和特色手工业等产业。近年来，乡村特色产业有了长足的发展，已成为农民就业增收的支撑力量和乡村产业的重要增长极[1]。

一方面，各地以资源禀赋和独特历史文化为基础，因地制宜发展小宗类、多样性特色种养，加强地方小品种种质资源保护和开发，充分挖掘农村各类非物质文化遗产资源，保护传统工艺，开发了一批乡土特色产业，如卤制品、酱制品、豆制品、腊肉腊肠、火腿等传统食品产业，以及竹编、木雕、银饰、民族服饰等传统手工业产品。另一方面，各地围绕特色农产品优势区，积极发展多样化特色粮、油、薯、果、菜、茶、菌、中药材、养殖、林特花卉苗木等特色种养，推进特色农产品基地建设，支持建设规范化乡村工厂、生产车间，全面提升特色农业的绿色化、标准化、品牌化发展水平。从 2018 年起，中央财政已安排 12.74 亿元，支持20 个省 62 个县，围绕 1~2 个主导产业建设绿色化标准化生产基地，发展加工仓储物流等关键环节、加强质量控制和品牌培育，不断推进绿色循环优质高效特色产业的发展。

在此基础上，乡土特色产业示范村镇涌现，全国"一村一品"示范村镇达到 2 409 个，产值超 10 亿元，很多示范

---

① 中国政府网．乡土特色产业成为乡村产业重要增长极［EB/OL］．ht-tp：//www.gov.cn/xinwen/2019－07/05/content_5406496.htm.

村镇激发自身农业资源和自然生态优势，推进整村开发、一村带多村、多村连成片，成为乡土特色产业品牌化、集群化发展的平台和载体。此外，各地按照"有标采标、无标创标、全程贯标"要求，制定不同区域不同产品的技术规程和产品标准，宣传推介一批乡村特色产品和能工巧匠，创响10 万个"独一份""特别特""好中优"的"土字号""乡字号"特色产品品牌，如四川郫县豆瓣酱、重庆涪陵榨菜、山东潍坊风筝、河北蔚县剪纸等一批乡土特色产业，既传承民族文化，又创造产业价值，成为当地农民增收致富的优势主导产业。

三、乡村休闲旅游业

乡村休闲旅游业是农业功能拓展、乡村价值发掘、业态类型创新的新产业，成为横跨一二三产业、兼容生产生活生态、融通工农城乡的新产业新业态[1]。

一方面，休闲农业和乡村旅游促进农业从单纯衣食功能向多功能转化。通过促进"农业＋"文化、教育、旅游、康养等产业，催生创意农业、教育农园、消费体验、民宿服务、农业科普、康养农业等新产业新业态，天然地把农业生产、农产品加工、乡村服务等一二三产业融合在一起，并从零星分布向集群转变，从郊区景区周边向更多适宜乡村拓展，涌现出一大批有特色的农家乐、休闲农庄、休闲聚集村和民俗村。2019 年全国休闲农业和乡村旅游接待人次超 32亿，营业收入超过 8 500 亿元。

---

① 农业农村部．乡村休闲旅游为乡村产业拓展新空间［EB/OL］．http：// www. xccys. moa. gov. cn/gzdt/201912/t20191220_6333647. htm.

另一方面，休闲农业和乡村旅游促进农民从单纯卖农产品向多元化转变。通过发掘稻田湿地、油菜花海、草原绿地、森林氧吧和河流海洋等绿色价值，让农业有文化说头、有休闲玩头、有景观看头，实现农业物化产品和精神产品双重增值。农民不仅需要生产出优质原生态的农产品，还要加工成游客可品尝、可观赏、可携带的商品和工艺品，不但卖产品，也可以卖体验和过程，多元化增加经营性收入。据2018年农业农村部对13.5万家休闲农业经营主体调查的结果，农民从业占93%，每亩土地产出1.5万元，从业农民年人均收入达5万元以上。目前全国共有休闲农业和乡村旅游示范县388个，聚集村已达9万多个，美丽休闲乡村710个，美丽田园248个，也形成了南京农业嘉年华、海南共享农庄、四川省农业主题公园等品牌。

四、乡村新型服务业

乡村新型服务业是适应农村生产生活方式变化应运而生的产业，业态类型丰富，经营方式灵活，主要包括生产性服务业、生活性服务和农村电子商务。在2019年《国务院关于促进乡村产业振兴的指导意见》中，鼓励支持供销、邮政、农业服务公司、农民合作社等开展农资供应、土地托管、代耕代种、统防统治、烘干收储等农业生产性服务业；改造农村传统小商业、小门店、小集市等，发展批发零售、养老托幼、环境卫生等农村生活性服务业。同时，在发展农村电子商务方面，培育农村电子商务主体，引导电商、物流、商贸、金融、供销、邮政、快递等各类电子商务主体到乡村布局，构建农村购物网络平台。依托农家店、农村综合服务社、村邮站、快递网点、农产品购销代办站等发展农村电商末端网点；同时，在农业生产、加工、流通等环节，加快互联网技术应用与推广，实施"互联网＋"农产品出村进城工程，完善乡村信息网络基础设施，加快发展农产品冷链物流设施。2019 年，各类涉农电商超过 3 万家，农村网络销售额1.7 万亿元，其中农产品网络销售额 4 000 亿元。

五、农业产业化

农业产业化是农业经营体制机制的创新，农村产业融合发展是农业与现代产业要素的交叉重组，引领农业和乡村产业转型升级。各地政府实施新型农业经营主体培育工程，引导龙头企业采取兼并重组、股份合作、资产转让等形式，建立大型农业企业集团，打造知名企业品牌，提升龙头企业在乡村产业发展中的带动能力，形成国家、省、市、县级龙头企业梯队，打造乡村产业发展"新雁阵"。同时，扶持一批龙头企业牵头、家庭农场和农民合作社跟进、广大小农户参与的农业产业化联合体，构建分工协作、优势互补、联系紧密的利益共同体，实现抱团发展。2019 年，农业产业化龙头企业 9 万家（其中，国家重点龙头企业 1 542 家），农民合作社 220 万家，家庭农场 87 万家，带动 1.25 亿农户进入大市场。

六、返乡创新创业

创新创业是乡村产业振兴的重要动能，人才是创新创业的核心要素。通过对返乡、入乡、在乡等创业主体的培育与政策扶持，同时按照"政府搭建平台、平台聚集资源、资源服务创业"的要求，建设各类创新创业园区和孵化实训基地，并建立专家创业导师队伍，为农村创业人员提供政策运用、市场拓展、经验分享等指导服务。近几年，大批城里的工商资本投入农业和农村改造，资金聚集效应明显，先进生产技术和管理技术得到广泛应用。乡村的水、电、路、气、讯等公共设施都得到改善，城市的基础设施和公共服务正在快速地向农村延伸，消费支出由城市向农村流动，同时也将智创、文创、农创和现代科技、方式、理念引入乡村，吸引外部人才下乡进村创业、稳定本乡人才就地就近就业、激发各类人才努力进取兴业，成为农民市民都参与、都受益的乡村产业，实现城市和乡村融合、市民和农民互动、城镇化和"逆城镇化"相得益彰。2019 年，在乡创业人员超过 3 100 万人，各类返乡入乡创新创业人员累计超过 850 万人，其中创办农村产业融合项目的占到 80％，利用"互联网＋"创新创业的超过 50％。

第二节　中国农村产业发展政策体系

中国农村产业的快速发展与长期以来的政府政策扶持密切相关。自 1978 年改革开放以来，农村工业发展经历了多次转变，从最初的乡镇企业为主到目前的一二三产业融合发展，中国农业农村现代化、农业产业化、农村产业融合发展的进程如火如荼。2019 年，国务院发布《关于促进乡村产业振兴的指导意见》，指出"要以实施乡村振兴战略为总抓手，以农业供给侧结构性改革为主线……加快构建现代农业产业体系、生产体系和经营体系，推动形成城乡融合发展格局，为农业农村现代化奠定坚实基础"。2020 年，农业农村部依据上述文件，编制《全国乡村产业发展规划（2020—2025 年）》，对乡村产业发展提出总体要求及发展目标，并系统提出具体规划和要求，加快发展乡村产业，促进乡村全面振兴。

（一）鼓励和扶持乡镇企业

在立法保障方面，早在 1996 年中国就制定了《中华人民共和国乡镇企业法》来扶持和引导乡镇企业持续健康发展，保护乡镇企业的合法权益，规范乡镇企业的行为。此外，《中华人民共和国个人独资企业法》《中华人民共和国合伙企业法》《中华人民共和国公司法》等都为乡镇企业的发展提供了法律依据。此外，中国政府从 20 世纪 90 年代开始就制定了专门政策为乡镇企业提供金融支持，通过贴息贷款、成立乡镇企业发展基金等多种渠道为乡镇企业发展提供资金支持。

在创新能力方面，农业农村部积极推动科研院所与农业企业之间的技术合作，通过组织专门的技术对接活动，提升农产品精深加工能力，加快产业转型升级；一些地方政府则安排专门资金，促进区域内乡镇企业和农产品加工业转型升级，通过奖励计划、技术扶持、人才培养等多种途径给予企业相应的扶助。

在平台建设方面，众多省份都建立起特色工业园区，促进乡镇企业集中连片发展，目前农产品加工业正在向大城市郊区和农产品主产区集聚。此外，各地政府还积极开展创业培训和人才能力建设，对高校毕业生、退伍士兵等群体创业给予补助。

（二）促进农产品加工业转型升级

为进一步促进农产品加工业发展，深入推进农业供给侧结构性改革，不断满足城乡居民消费升级需求，中国政府颁布了《国务院办公厅关于进一步促进农产品加工业发展的意见》，提出到 2020 年农产品加工转化率将达到 68％，规模以上农产品加工业主营业务收入年均增长 6％以上，农产品加工业与农业总产值比达到 2.4：1。根据中国农业科学院 2021 年公布数据：2020 年中国农产品加工业营业收入超过 23.2 万亿元，与农业产值之比接近 2.4：1，农产品加工转化率达 67.5％，科技对农产品加工产业发展的贡献率达到 63％①。当前，中国农产品加工领域自主创新能力基本实现了由整体跟跑向跟跑、并跑、领跑"三跑"并存转变，为农产品加工业长久稳定发展提供了强有力的支撑。

一方面，不断优化农产品加工业整体布局，中国政府支持大宗农产品主产区重点发展粮棉油糖加工特别是玉米加工，着力建设优质专用原料基地和便捷智能的仓储物流体系；支持特色农产品优势区重点发展"菜篮子"产品等加工，着力推动销售物流平台、产业集聚带和综合利用园区建设；支持大中城市郊区重点发展主食、方便食品、休闲食品和净菜加工，形成产业园区和集聚带。支持贫困地区结合精准扶贫、精准脱贫，大力开展产业扶贫，引进有品牌、有实力、有市场的农业产业化龙头企业，重点发展绿色农产品加工，以县为单元建设加工基地，以村（乡）为单元建设原料基地。

另一方面，扶持农民合作社、专业大户、家庭农场建设现代化农业设施，发展"农户＋合作社＋企业"模式，引导农民以土地经营权、林权和设施装备等入股农民合作社和企业。鼓励农产品加工企业与上下游各市场主体组建产业联盟，与农民建立稳定的订单和契约关系，以"保底收益、按股分红"等形式，构建让农民分享加工流通增值收益的利益

---

① 中国政府网．我国农产品加工产业科技贡献率达到 63％［EB/OL］．https://www.gov.cn/xinwen/2021－03/25/content_5595484.htm.

联结机制。

（三）推动农业龙头企业发展

为了发挥农业龙头企业的积极作用，中国政府提出培育壮大农业产业化龙头企业和林业重点龙头企业，引导其重点发展农产品加工流通、电子商务和农业社会化服务，并通过直接投资、参股经营、签订长期合同等方式，建设标准化和规模化的原料生产基地，带动农户和农民合作社发展适度规模经营。此外，中国政府从金融、财政、税收等多方面给予扶持。在金融政策上，以龙头企业和高科技农业、特色农业为重点，加强支持农业产业化的金融服务，尤其是对西部欠发达地区龙头企业加强扶持；在财政政策上，除中央财政支持外，部分省市政府还专门安排资金支持农业龙头企业发展；在税收政策上，对从事种植业、养殖业和农林产品初加工业的企业暂免征收企业所得税，对农产品实行增值税低税率。

（四）加快一二三产业融合发展

2015年，国务院办公厅发布《关于推进农村一二三产业融合发展的指导意见》，提出"以新型城镇化为依托，推进农业供给侧结构性改革，着力构建农业与二三产业交叉融合的现代产业体系"。通过发展订单农业、互联网＋农业、休闲农业等多种方式，推动一二三产业不断融合。2021年，超过100万农户通过网络销售农产品，50多万农户开展了休闲农业和乡村旅游，为农业提质增效、农民增收创收、农村发展创新等提供了澎湃动力[①]。

---

① 国家乡村振兴局. 农业发展成就显著 乡村美丽宜业宜居——党的十八大以来经济社会发展成就系列报告 [EB/OL]. https://nrra.gov.cn/art/2022/9/20/art_624_196757.html.

  2018 年，为深入贯彻落实党的十九大关于"促进农村一二三产业融合发展，支持和鼓励农民就业创业，拓宽增收渠道"的决策部署，按照 2018 年中央 1 号文件"大力开发农业多种功能，构建农村一二三产业融合发展体系"和《政府工作报告》"多渠道增加农民收入，促进农村一二三产业融合发展"的要求，农业农村部决定实施农村一二三产业融合发展推进行动。以习近平关于"三农"工作的重要论述为指引，坚持"基在农业、惠在农村、利在农民"的原则，以农民分享产业链增值收益为核心，以延长产业链、提升价值链、完善利益链为关键，以改革创新为动力，加强农业与加工流通、休闲旅游、文化体育、科技教育、健康养生和电子商务等产业深度融合，增强"产加销消"的互联互通性，形成多业态打造、多主体参与、多机制联结、多要素发力、多模式推进的农村产业融合发展体系，努力助推乡村产业兴旺，切实增强农业农村经济发展新动能。明确推进行动的目标任务，到 2020 年，农村产业融合主体规模不断壮大，产业链不断延长，价值链明显提升，供应链加快重组，企业和农民的利益联结机制更加完善，融合模式更加多样，建成一批农村产业融合发展先导区和示范园，融合发展体系初步形成，为实施乡村振兴战略提供有力支撑。

第七章　中国粮食安全

中国拥有世界上近五分之一的人口，巨大的人口压力使中国面临着特殊的粮食安全和食品安全形势，为保障本国粮食安全，中国实施最严格的耕地保护措施，不断加强农业科技投入，对粮食种植进行补贴和扶持，确保粮食产量平稳。结合目前的食品安全现状，逐步建立农产品质量安全风险监测和评估体系，全面加强了农产品质量安全监管工作，取得了不错的成效。

第一节　世界粮食安全形势

2014 年，世界饥饿人数自 2005 年起长期呈逐步减少的趋势不再延续，食物不足人数开始缓慢增加，而到了 2020 年，世界各地为消除饥饿做出的努力遭受了前所未有的挫折。根据联合国粮食及农业组织（FAO）发布的《世界粮食安全和营养状况 2021》的最新估计，2020 年，在新冠疫情阴霾笼罩下，世界上的饥饿人数有所增加。在连续五年维持不变之后，食物不足发生率在短短一年中从 8.4% 升至 9.9%，到 2030 年实现零饥饿的目标已变得更具挑战性①。

---

① 联合国粮食及农业组织．世界粮食安全和营养状况 2021 [EB/OL]．https://www.fao.org/publications/sofi/2021/zh.

　　面对依然严峻的世界粮食安全形势，中国的主要立场是粮食安全始终是人类生存和发展面临的首要问题，"人人粮食安全"是基本人权。世界粮食安全面临越来越多的非传统挑战和日趋复杂的形势，世界粮食安全的薄弱环节在发展中国家，气候变化对粮食安全也带来长期挑战。中国始终坚持立足国内生产保证粮食安全，不断提高粮食综合生产能力；同时，认真履行在世界粮食安全方面的国际义务，努力为促进世界粮食安全和农业发展贡献力量；主张各国应当将农业放到更加重要的位置，加强对话与合作，积极有效地协调政策与行动。加强农业和粮食宽领域、多层次国际合作，科学引导生物能源产业发展，加强应对气候变化国际合作，进一步改善农产品国际贸易环境。

第二节　中国粮食安全形势

一、中国粮食安全现状

　　2021 年，中国粮食总产量 68 285 万吨，粮食生产喜获十八连丰[①]，为国内粮食市场平稳运行奠定了十分重要的物质基础。据国家统计局数据，2020 年中国居民人均粮食消费量 141.2 千克。随着人口增加、经济发展和居民生活水平不断提高，粮食消费需求呈刚性增长，工业粮、饲料粮、生物燃料用粮需求也不断提高；工业化、城镇化发展对粮食生产产生挤出效应，更加剧了粮食生产的资源环境约束，中国粮食供求将长期呈现紧平衡状态。

---

　　① 中国政府网. 13 657 亿斤，十八连丰！粮食总产量再创新高［EB/OL］. http：//www.gov.cn/xinwen/2021 - 12/07/content_5658030.htm.

中国粮食储备已具相当规模。近几年粮食生产连年丰收，粮食储备库存也得到进一步充实。按照粮食省长负责制的要求，各地都建立了地方粮食储备制度，粮食品种结构比较合理，并增加了成品粮油储备，储备管理水平也进一步提高。同时，中国会通过国际市场贸易来调剂国内粮食余缺。中国依靠自身力量解决了 14 亿人口的吃饭问题，这是对世界粮食安全的最大贡献。此外，中国还在力所能及的范围内，积极参与国际粮农合作，努力帮助其他国家实现粮食安全。从中长期看，中国的粮食产需仍将维持紧平衡态势，确保国家粮食安全这根弦一刻也不能放松。主要原因在于：从需求形势看，随着经济社会发展，人均口粮消费将稳中略降，饲料和工业转化用粮消费继续增加，粮食消费总量刚性增长，粮食消费结构不断升级；从生产形势看，农业生产成本仍在攀升，资源环境承载能力趋紧，农业基础设施相对薄弱，抗灾减灾能力有待提升，在确保绿色发展和资源永续利用的同时，稳定发展粮食生产压力较大；从流通形势看，粮食生产将继续向核心产区集中，跨区域粮食流通量将进一步增加，粮食市场大幅波动的风险依然存在[①]。

二、中国粮食安全面临的挑战

随着工业化和城镇化进程的持续推进，中国粮食安全形势出现了一些新情况和新问题：粮食生产逐步恢复，但继续稳定增产的难度加大；粮食供求将长期处于紧平衡状态；农产品进出口贸易出现逆差，大豆等粮食产品进口量逐年扩

---

① 中国国家发展和改革委员会. 粮食安全成全球焦点 我国态势颇为稳健 [EB/OL]. https：//www. ndrc. gov. cn/wsdwhfz/202205/t20220527_1325890. html？ code＝&state＝123.

大；主要农副产品价格大幅上涨。总体来看，当前中国粮食领域主要矛盾已不是总量矛盾，而是结构性矛盾，矛盾的主要方面在供给侧，突出表现为玉米、稻谷阶段性供过于求特征明显，大豆产需缺口逐年扩大，高端优质产品供给不足；库存积压严重，给粮食收储、安全储粮和财政负担带来巨大压力。从中长期发展趋势看，受人口、耕地、水资源、气候、能源、国际市场等因素变化影响，上述趋势短期内难以逆转，中国粮食和食物安全将面临严峻挑战。

（一）消费需求呈刚性增长

随着中国人口总量增加、城镇人口比重上升、居民食物结构升级和粮食用途拓展，全社会对粮食的需求将持续刚性增长。一方面，粮食消费结构升级，口粮消费相对减少；另一方面，饲料用粮需求增加，工业用粮需求趋于平缓，食用植物油消费继续增加。中国口粮年均消费量超过 2 亿吨[①]，居民人均食用油消费量为 10.4 千克。

（二）耕地数量逐年减少

受农业结构调整、生态退耕、自然灾害损毁和非农建设占用等影响，中国耕地资源逐年减少。2017 年国务院印发《全国国土规划纲要（2016—2030 年）》，确定了 2020 年和 2030 年的耕地保有量目标，分别是 18.65 亿亩和 18.25 亿亩。第三次全国国土调查（简称"三调"）结果显示，2019 年年末全国耕地面积为 19.18 亿亩，从全国层面看，实现了国家规划确定的耕地保有量目标。从"二调"数据看，"二调"以来的 10 年间，全国耕地地类减少了 1.13 亿亩，在非

---

① 新华网．商务部：消费者无需囤积粮食［EB/OL］．http：//www.xinhuanet.com/politics/2020 - 04/02/c_1125805500.htm.

农建设占用耕地严格落实了占补平衡的情况下，耕地地类减少的主要原因是农业结构调整和国土绿化[①]。目前，全国人均耕地面积 887 平方米，约为世界平均水平的 34%。受干旱、陡坡、瘠薄、洪涝、盐碱等因素影响，质量相对较差的中低产田约占 2/3。土地沙化、土壤退化、"三废"污染等问题仍然存在。随着工业化和城镇化进程的加快，耕地仍将继续减少，今后扩大粮食播种面积的空间比较有限。

（三）水资源短缺矛盾凸现

目前，中国人均水资源占有量约为 2 994 立方米，仅为世界平均水平的四分之一，每年农业生产缺水 200 多亿立方米，且水资源分布极不均衡，水土资源存在不匹配问题。中国东北、长江中下游等粮食主产区面临一定缺水问题。此外，近年来中国自然灾害严重，不利气象因素较多，北方地区降水持续偏少，干旱化趋势严重。今后受全球气候变暖影响，中国旱涝灾害特别是干旱缺水状况呈加重趋势，可能会给农业生产带来诸多不利影响，将对中国中长期粮食安全构成极大威胁。

（四）供需区域性矛盾突出

从粮食供给角度，中国粮食安全更加依赖于粮食主产区，粮食主产区承担更大的粮食安全供给责任。2021 年，中国粮食总产量为 68 285 万吨，其中黑龙江、河南、山东位居前三位，占全国粮食总产量的 30% 左右，仅黑龙江的产量就达到 7 867.7 万吨。由此可见，粮食主产区在保障粮食有效供给、确保国家粮食安全中起着至关重要的作用，是

---

① 中国政府网．第三次全国国土调查主要数据成果发布［EB/OL］．http：//www.gov.cn/xinwen/2021－08/26/content_5633497.htm.

国家粮食安全保障体系的重要组成部分。

（五）品种结构性矛盾加剧

目前，中国小麦供需总量基本平衡，但品种优质率有待进一步提高。大米在居民口粮消费中约占60%，且比重还在逐步提高，但南方地区水田不断减少，水稻种植面积下降，恢复和稳定生产的难度很大，稻谷供需总量将长期偏紧。玉米的供求关系前几年随着产需缺口扩大和库存数量下降，由过剩转为短缺，玉米市场价格上涨，近期随政策措施调整价格开始企稳。大豆生产徘徊不前，进口依存度逐年提高。北方种植大豆、南方种植油菜籽比较效益低，生产缩减。粮食（如大豆、玉米、水稻）品种间争地及粮食作物与油料、棉花、烤烟等经济作物之间的争地矛盾将长期存在。

（六）种粮比较效益偏低

近年来，由于化肥、农药、农用柴油等农业生产资料价格上涨和人工成本上升，农民种粮成本大幅增加，农业比较效益下降。随着中国工业化、城镇化的快速发展，农村外出务工人员增多，特别是粮食主产区一半以上的青壮年劳动力外出打工，农业劳动力呈现结构性紧缺，一些地区粮食生产出现"副业化"趋势。与进城务工和种植经济作物相比，种粮效益明显偏低，保护农民种粮积极性、保持粮食生产稳定发展的难度加大。

二、中国粮食安全政策举措

（一）耕地保护制度

中国实施最严格的耕地保护制度，全力稳定粮食播种面积。要守住1.2亿公顷耕地底线，有效保护好耕地，尤其是保护好粮食主产区耕地，建立以数量保护为基础、质量保护为重点的全方位多层次耕地保护和利用的长效机制，力求把耕地减少控制在最低限度。一是严格执法，控制各类建设项目占用基本农田，严禁在基本农田里挖鱼塘、种树木，建立基本农田保护责任追究制；二是坚决执行"耕地动态总量平衡"，通过复耕等各种方式增加耕地资源，将粮食种植面积控制在一定数量之内，尽可能地增加耕地储备量；三是全面清理工业化和城市化尚未开发利用的耕地，将农民抛荒地、工业弃用地、非法非农占用地等曾经的耕地恢复成耕地。土地确权登记颁证也为进一步明确耕地面积和保护耕地提供了有力支持。

（二）水资源保护

水资源不足是制约粮食持续增长的关键因素。为此，中国政府提出要合理开发、高效利用、优化配置、全面节约、有效保护和科学管理水资源，加大水资源工程建设力度，提高农业供水保证率，严格控制地下水开采。加强水资源管理，加快灌区水管体制改革，对农业用水实行总量控制和定额管理，提高水资源利用效率和效益。严格控制农业面源污染，引导农户科学使用化肥、农药和农膜，大力推广使用有机肥料、生物肥料、生物农药、可降解农膜，减少对水资源的污染，切实扭转水环境恶化趋势，保护和改善粮食产地环境。

（三）加快农业科技进步

随着人口的不断膨胀、城市化进程的加快以及国家对生态环境的重视，粮食增产不能再走扩大种植面积、广种薄收和破坏生态环境的老路，而应注重通过大幅提高单产的方式来实现粮食总产量稳定增长。为提高粮食单产，中国加快推进农业科技进步，加强粮食核心技术、关键技术的研究开发和相关技术的组装、集成和推广工作，实施"科技兴粮"战略。未来，中国将加快转变农业发展方式，持续提高农业科技进步贡献率，推动农业要素投入向技术密集型、数据密集型转变，全面提高农业综合生产能力，使农业生产方式从以往拼资源、拼消耗转向注重技术和数据引领，降低农业资源消耗和污染排放。

（四）加强农业基础设施建设

加强农业基础设施建设是提高粮食综合生产能力的重要保障。中国政府加大农业基础设施投资力度，提高投资效率，从而改善粮食生产条件，降低粮食生产成本，提高粮食劳动生产率。例如，在金融支持方面，鼓励金融机构加大对水利、贫困地区公路等农业农村基础设施建设的贷款力度，为基础设施建设提供资金支持，尤其是对一些重大水利工程给予利息补贴等政策扶持；在财政投入方面，对农业基础设施的投入力度不断加大，在农村公路修建、节水灌溉设施等领域持续加大投入。

（五）建设优质商品粮基地

粮食主产区①在保障粮食有效供给、确保国家粮食安全中起着至关重要的作用，是国家粮食安全保障体系的重要组成部分。中国政府不断加强对粮食主产区的扶持力度，加大对粮食主产区的财政支出，向粮食主产区集中投入商品粮基地、优质粮食工程、良种工程、植保工程、沃土工程、农业开发、农田水利、粮储库建设等项目资金，重点加强这些地区的粮食服务体系和农田水利基础设施建设，调动社会各界

---

① 粮食主产区是指适宜种植粮食，并且粮食产量高、种植粮食效益高的地区，包括辽宁、河北、山东、吉林、内蒙古、江西、湖南、四川、河南、湖北、江苏、安徽、黑龙江。

积极参与主产区的基础设施建设，切实提高粮食主产区抵御自然灾害和稳定提供商品粮的能力。

（六）粮食直接补贴

粮食直接补贴是国家为了保护种粮农民利益而给种粮农民的一项政策性补贴。从 2004 年开始，中国政府实施"粮食直补"政策，根据谁种地补给谁的原则，国家财政按一定的补贴标准和粮食实际种植面积，对农户直接给予的补贴。粮食直接补贴有利于调动农民种粮积极性、提高粮食产量和促进农民增收。2016 年，中国政府将种粮农民直接补贴、农作物良种补贴和农资综合补贴合并为农业支持保护补贴，对进一步提高种粮农民的积极性，保障国家粮食安全发挥重要作用。为确保让实际种粮农民真正受益，财政部要求各地区在耕地地力保护补贴资金发放程序和方式的基础上，结合实际进一步完善发放办法，充分运用现代化信息技术手段，利用现有补贴资金发放基础数据、粮食作物保险承保数据、农户和新型农业经营主体身份信息等数据，精准识别实际种粮农民，加强对补贴面积的核实[①]。

第三节　中国食品安全形势

一、中国主要农产品质量安全现状

中国政府高度重视农产品质量安全工作，先后出台了《中华人民共和国农产品质量安全法》《中华人民共和国食品安全法》等法律法规，采取了一系列有力措施，全面加强了

---

① 中国政府网．中央财政对实际种粮农民发放一次性补贴 200 亿元［EB/OL］．http：//www．gov．cn/xinwen/2021 - 06/30/content_5621673．htm．

农产品质量安全监管工作，取得了重要进展。

从蔬菜产品质量安全水平看，根据 2011—2021 年中国蔬菜质量安全监测结果可知，中国蔬菜质量水平总体保持稳定，监测合格率保持在 96.0％以上（图 7-1）。

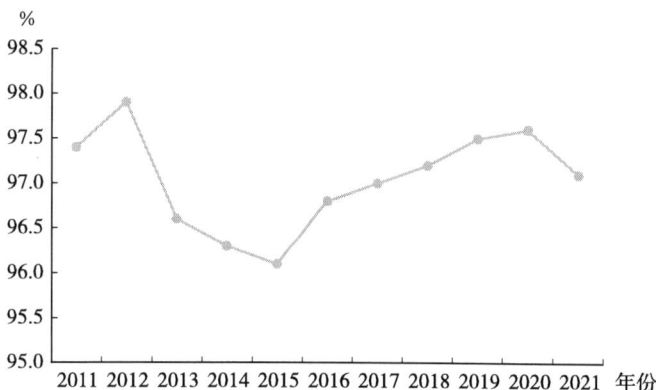

图 7-1　2011—2021 年中国蔬菜质量安全监测合格率

资料来源：农业农村部。

从畜禽产品质量安全水平看，根据 2011—2021 年全国大部分城市畜禽产品"瘦肉精"污染以及磺胺类药物等兽药残留监测结果可知，近年来中国畜禽产品安全水平总体稳定，监测合格率保持在 98.0％以上（图 7-2）。

从水产品质量安全水平看，根据 2011—2021 年全国部分大中城市水产品质量安全监测结果可知，近年来中国水产品质量安全始终保持较高水平（图 7-3）。

二、中国农产品质量安全管理体系

（一）农产品质量安全风险监测和评估

一是不断扩大农产品质量安全监测范围，例行监测范围

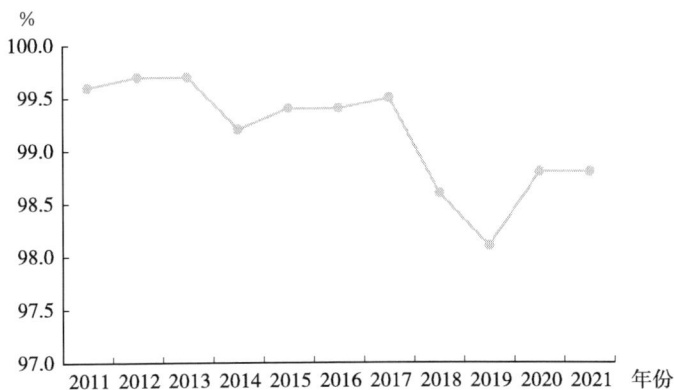

图 7-2 2011—2021 年中国畜禽产品质量安全监测合格率
资料来源：农业农村部。

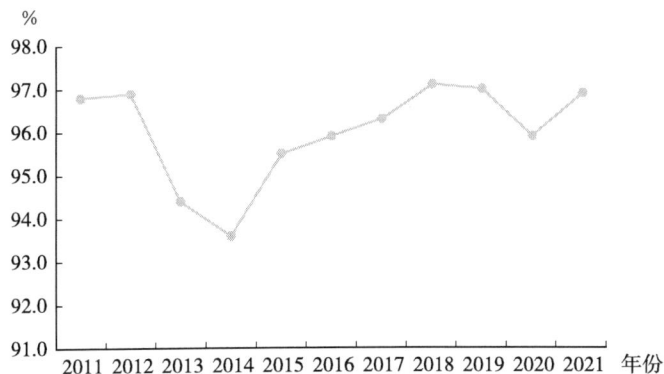

图 7-3 2011—2021 年中国水产品产地药残抽检合格率
资料来源：农业农村部。

扩大到 152 个大中城市、117 个品种、94 项指标，基本涵盖主要城市、产区和品种、参数。二是快推进农产品安全风险评估。启动了农产品质量安全风险评估体系建设规划，建立了 65 个部级农产品质量安全风险评估实验室，设立了农产品质量安全风险评估财政专项，推动 9 个省级农科院建立了专门的质量标准研究机构。三是加大重大活动农产品质量安全监测力度。

（二）提高农业标准化水平

一是标准体系建设。2015 年，农业部新制定 46 种农药490 项农药残留限量食品安全国家标准。新制定农业领域国家标准 23 项，行业标准 285 项；还制定 5 年行动计划，加快工作进度，打算用 5 年左右的时间使中国农残标准达到 1万项，与国际食品法典标准基本同步；新认证无公害农产品、绿色食品、有机农产品和农产品地理标志产品 1.1 万个，累计认证产品总数达 10.7 万个①。2021 年国家卫生健康委、农业农村部和市场监管总局发布 2021 版《食品安全国家标准　食品中农药最大残留限量》联合公告，此次修订的 2021 版新增农药品种和限量标准数量多、调整幅度大、涉及面广，对中国农产品质量安全监管、农业生产和贸易产生较大影响。此次主要变化有：新增部分农药残留限量2 985 项；修订农药残留限量 194 项；新增农药品种 81 种等。2021 版规定了 564 种农药残留限量标准，规定了 29 种禁用农药 792 项限量值、20 种限用农药在限用作物上的 345项限量值；新增推荐 7 项配套检测方法，4 项新制定的农药残留检测方法国家标准②。二是加大标准实施示范力度。新创建蔬菜水果茶叶标准园、畜禽标准化规模化养殖场、水产健康养殖示范场 1 993 个，新创建全国农业标准化示范县45 个。

---

① 农业部. 中国农业发展报告［M］. 北京：中国农业出版社，2016.
② 中国农产品质量安全网. 2021 版食品中农药最大残留限量国家标准解析［EB/OL］. http://www.aqsc.agri.cn/gzjl/xtdt/202108t20210827_385934.htm.

（三）强化监管体系建设

中国正加快健全从农田到餐桌的农产品质量和食品安全监管体系，建立全程可追溯、互联共享的信息平台，加强标准体系建设，健全风险监测评估和检验检测体系。目前，中国所有的省、88%的地市、75%的县、97%的乡镇建立了农产品质量安全监管机构，落实专兼职监管人员11.7万人。2016年，新投资10.9亿元支持建设264个农产品质检机构，启动了37个农产品质量安全风险监测能力建设项目。

（四）开展农产品质量安全可追溯体系建设

2002年，中国开始推动农产品质量安全可追溯体系建设。农业部先后发布《畜禽标识和养殖档案管理办法》《农产品包装与标识管理办法》《农产品产地安全管理办法》等法规，各地根据工作实践也出台了一些地方性法规，为农产品质量安全可追溯体系建设提供依据。同时，农业部还发布《农产品产地编码规则》和《农产品追溯编码导则》等标准，为农产品质量安全提供了统一标准。截至2020年上半年，国家农产品追溯平台入驻各类企业主体已超过10万家，可追溯产品种类981个。其中，绿色、有机、地理标志认证产品有1.05万家，农垦标志产品936家，品牌农产品已有一定规模；入驻农业企业（包括个体户）4.9万家，农民专业合作社3.28万家，家庭农场1.5万家；入驻县级以上监管机构主体8 024个，包括质量监管、产品检测、农业执法三大机构，覆盖率分别达到100%、80%、90%以上[1]。

---

[1] 商务部．共建共享 深入推进农产品追溯体系建设［EB/OL］. https://zycpzs.mofcom.gov.cn/html/syncp/2020/8/1597649845777.html.

第四节　中国食物营养安全形势

一、中国食物营养安全现状

（一）食物综合生产能力

中国食物综合生产能力显著增强，2020 年人均粮食占有量达到 480 千克左右，在粮食稳步增长的同时，肉、蛋、水产品、水果和蔬菜生产都有了快速增长，为提高人们生活质量奠定了坚实的物质基础。

（二）食物消费质量提升

近年来，中国人均食物消费支出占生活消费总支出的比重逐步降低（表 7-1）。1990—2021 年，中国城镇居民恩格尔系数从 54.2% 下降到 28.6%，农村居民恩格尔系数从 58.8% 下降到 32.7%。中国城乡居民食物消费结构有了显著改善，城乡居民蛋、奶、水产品人均消费量都有了较大幅度提高。

表 7-1　2020 年中国居民人均食品消费量（千克）

农产品种类	人均消费量
粮食（原粮）	141.2
鲜菜	100.2
食用植物油	9.8
猪肉	18.2
牛羊肉	3.5
禽类	12.7
蛋类	12.8
奶类	13.0
水产品	13.9

（三）居民营养结构性不平衡

20 世纪 90 年代以来，中国居民摄入能量比较稳定，摄入的蛋白质总量中动物性蛋白质所占比重有了一定增长，膳食质量显著改善。2012 年，中国居民人均每日摄入能量 2 172 千卡[①]，蛋白质 65 克，脂肪 80 克，碳水化合物 301 克，三大营养素供能充足，能量需要得到满足。全国 18 岁及以上成年男性和女性身高分别为 167.1 厘米和 155.8 厘米，平均体重分别为 66.2 千克和 57.3 千克，与 2002 年相比，居民身高、体重均有所增长，尤其是 6～17 岁青少年儿童身高、体重增幅更为显著[②]。

2020 年，中国居民人均每日摄入能量 2 248 千卡，人均碳水化合物、脂肪和蛋白质供能比分别为 50.6%、34.7% 和 14.7%。同建议标准相比，中国居民膳食营养已出现过剩，碳水化合物供能比接近最低水平 50%，而脂肪供能比已大幅超出推荐范围，蛋白质摄入量高但供能比基本符合标准，这表明当前居民膳食营养结构性存在不平衡问题[③]。全国 18 岁及以上居民男性和女性的平均体重分别为 69.6 千克和 59 千克，与 2015 年发布结果相比分别增加 3.4 千克和 1.7 千克。城乡各年龄组居民超重肥胖率继续上升。《中国居民营养与慢性病状况报告（2020 年）》指出，中国居民超重肥胖的形势严峻，成年居民超重率和肥胖率分别为 34.3% 和

---

① 千卡为非法定计量单位，1 千卡≈4.186 千焦。——编者注

② 中国政府网. 卫生计生委等介绍《中国居民营养与慢性病状况报告（2015 年）》有关情况［EB/OL］. http://www.gov.cn/xinwen/2015-06/30/content_2887030.htm.

③ 光明网. 报告显示我国居民膳食营养已出现过剩 结构性不平衡问题突出［EB/OL］. https://shipin.gmw.cn/2021-05/26/content_34877933.htm.

16.4%；6～17 岁青少年儿童超重率和肥胖率分别为 11.1%
和 7.9%；6 岁以下儿童超重率和肥胖率分别为 6.8% 和
3.6%。报告称，能量摄入和能量支出不平衡是导致个体超
重肥胖的直接原因。

二、中国食物营养安全政策措施

（一）全面普及膳食营养和健康知识

为了解决中国食物生产还不能适应营养需求、居民营养
不足与过剩并存以及营养与健康知识缺乏这三个主要问题，
2014 年国务院办公厅印发《中国食物与营养发展纲要
(2014—2020 年)》，将"全面普及膳食营养和健康知识"作为
改善中国居民营养健康状况的一个主要政策措施。将膳食营
养和健康知识普及法治化、制度化、常规化，加大投入；政府
各相关部门相互合作，加大公益宣传力度；加强和规范营养宣
教队伍建设，建立以全国疾控系统、科研院校、社区医务人员、
教师、营养师等不同层面的、分工合作的宣教队伍；设立
"营养日"或"营养周"，提高全社会对营养的重视和参与。

（二）加强食物生产与供给

为进一步保证食物的供给，中国全面落实"米袋子"省
长负责制和"菜篮子"市长负责制①，强化地方政府的食物
安全责任；同时加大对食用农产品生产的支持力度，保护农
民发展生产的积极性。加大对食物加工、流通领域的扶持力
度，鼓励主产区发展食物加工业，支持大中城市食品加工配
送中心建设，发展共同配送、统一配送；还支持到境外特别

---

① "米篮子"省长负责制和"菜篮子"市长负责制：省长、市长不能听任市
场决定粮食和副产品的生产供应，或者过于依赖外地供应，必须落实一把手负责
制，在本省、本市建立稳定的生产基地来调剂余缺、稳定价格。

是与周边国家开展互利共赢的农业经贸合作。

（三）加大营养监测与干预

中国政府非常重视全国居民营养与基本健康监测工作，加强居民食物消费调查，定期发布中国居民食物消费与营养健康状况报告，引导居民改善食物与营养状况。关注特殊群体的营养安全，加大财政投入力度，改善老少边穷地区中小学校和幼儿园的就餐环境。

（四）推进食物与营养法制化管理

中国政府建立健全食物与营养相关法律法规，加强营养改善条例的立法工作。针对食物与营养的突出问题，依法规范食物生产经营活动，开展专项治理整顿，营造安全、诚信、公平的市场环境。创新食物与营养执法监督，提高行政监管效能。弘扬勤俭节约的传统美德，形成厉行节约、反对浪费的良好社会风尚。

（五）加快食物与营养科技创新

针对食物、营养和健康领域的重大需求，中国政府引导和鼓励企业加大食物与营养科技投入。加强对食物与营养重点领域和关键环节的研究，研究开发新食物资源和食物安全风险分析技术，建设食物安全信息监测预警系统，不断完善居民膳食营养素参考摄入量标准。

（六）加强组织领导和咨询指导

中国政府高度重视营养问题，由农业农村部、卫健委牵头，国家发展改革委、教育部、科技部、工业和信息化部、财政部、商务部、国家市场监督管理总局、国家林草局等部委共同参与，推进中国营养安全问题研究与保障，建立部际协调机制。发挥国家食物与营养咨询委员会的议事咨询作用，及时向政府提供决策咨询意见。

第八章　中国农业政策

　　历史上，农业曾对中国经济的发展做出了巨大的贡献。2004 年，中国政府提出"工业反哺农业"的发展新策略，开始加大对农业的扶持力度。自 2004 年起，连续 19 年发布的 1 号文件都关注和指导"三农"工作（表 8 - 1）。

表 8 - 1　2004—2022 年历年中央 1 号文件主题①

年份	1 号文件主题
2004	促进农民增加收入
2005	加强农村工作，提高农业综合生产能力
2006	推进社会主义新农村建设
2007	积极发展现代农业，扎实推进社会主义新农村建设
2008	切实加强农业基础设施建设，进一步促进农业发展农民增收
2009	促进农业稳定发展，农民持续增收
2010	加大统筹城乡发展，进一步夯实农业农村发展基础
2011	加快水利改革发展
2012	加快推进农业科技创新，持续增强农产品供给保障能力
2013	加快发展现代农业，进一步增强农村发展活力
2014	全面深化农村改革，加快推进农业现代化
2015	加大改革创新力度，加快农业现代化建设

---

　　①　1 号文件指的是中共中央每年发的第一份文件。

（续）

年份	1号文件主题
2016	落实发展新理念，加快农业现代化实现全面小康目标
2017	深入推进农业供给侧结构性改革，加快培育农业农村发展新动能
2018	实施乡村振兴战略
2019	坚持农业农村优先发展，做好"三农"工作
2020	抓好"三农"领域重点工作，确保如期实现全面小康
2021	全面推进乡村振兴，加快农业农村现代化
2022	全面推进乡村振兴重点工作

第一节　粮食安全政策

一、政策背景

为实现粮食等主要农产品基本自给，中国政府立足本国资源实施粮食安全政策，是中国长期奉行的基本方针，也是中国农业政策的首要目标。

二、政策内容

（一）粮食省长负责制①

围绕贯彻粮食省长负责制，部分省区制定实施了粮食生产目标责任制并明确了相关考核办法。以省内的市、县人民政府作为考核对象，对市、县人民政府在重视粮食生产、加大农业投入、强化粮食生产能力建设、开展粮食高产创建活动、健全粮食生产社会化服务体系等方面的行为进行考核，

---

① 指省级政府与行政首长负责本省的粮食供应，要求保证粮食种植面积，提高单产水平，增加粮食储备，调剂供求平衡，稳定粮食价格。

并建立了相应的奖惩机制，以确保中央和省级政府有关粮食安全的政策措施有效地贯彻执行。

（二）扶持主产区和种粮大户、家庭农场

实行粮食大县奖励政策，通过以奖代补的形式，对产粮大县为国家粮食安全做出的贡献进行奖励，国家的农业投资、国有土地出让金和新增农业综合开发资金也向粮食主产区倾斜，调动地方政府重农抓粮的积极性。支持主产区进行粮食转化和加工。扶持主产区发展以粮食为主要原料的农产品加工业，重点是发展精深加工。国家通过技术改造贷款贴息、投资参股、税收政策等措施，支持主产区建立和改造一批大型农产品加工、种子营销和农业科技型企业。2013年，中央财政安排产粮（油）大县奖励资金 320 亿元，具体奖励办法是依据近年全国各县级行政单位粮食生产情况测算，奖励发放至县。在奖励产粮大县的同时，中央财政对 13 个粮食主产区的前五位超级产粮大省给予重点奖励，其余给予适当奖励，奖励资金由省级财政用于支持本省粮食生产和产业发展①。自奖励政策出台以来，中央财政逐年加大奖励力度，2020 年奖励资金 466.7 亿元，在中央财政产粮大县奖励资金增长 3.8% 的情况下，安排辽宁省奖励资金 12.08 亿元，较上年增长 15.7%，体现了中央财政的倾斜支持。

对种粮大户，除享受普通农业补贴优惠政策外，2020年，种植人户可以申领农业支持保护补贴、农机购置补贴、种植项目补贴及种植大户专项补贴，各地区有不同的补贴标

---

① 中国政府网. 中央财政拨付 319.2 亿元产粮（油）大县奖励资金 [EB/OL].
http://www.gov.cn/jrzg/2013-08/29/content_2477139.htm.

准。对家庭农场，除享受普通农业补贴优惠政策外，各级农业部门将家庭农场纳入现有支农政策扶持范围并予以倾斜，重点支持家庭农场稳定经营规模、改善生产条件、提高技术水平、改进经营管理。财政部和农业农村部联合发布的2021年重点强农惠农政策同样对家庭农场开展一系列支持建设，如农产品产地冷藏保鲜设施建设、高素质农民培育、生产条件改善、农业信贷担保服务等。

（三）依靠种业振兴提高单产

从20世纪90年代中期开始实施"种子工程"①，截至2020年12月，全国农作物良种覆盖率达到96％以上，自主选育品种面积占比超过95％，良种为粮食连年丰收和农产品稳产保供提供了重要支撑。保护性耕作、测土配方施肥、节水灌溉和旱作农业等一大批先进实用技术大面积推广。从2005年开始，又启动了农业科技入户工程，推广应用了一大批先进适用技术。2006年中央1号文件明确，继续实施粮食丰产科技工程，立足东北、华北和长江中下游三大平原，以水稻、小麦、玉米三大粮食作物为主攻方向，涵盖全国13个粮食主产区，力求通过一系列关键技术重大突破，为全面提升粮食综合生产能力提供科技支撑。党的十八大以来，中国的种业创新为增强国家粮食安全能力做出重大基础性贡献。2021年，中国颁布《种业振兴行动方案》，将种源安全明确为国家安全战略，提出要全面加强种质资源保护利用，大力推进种业创新攻关，扶持优势种业企业发展，提升种业基地建设水平，严厉打击套牌侵权等违法行为。2022

---

① 种子资源的收集和利用，新品种选育和引进，建立原粮种繁殖种系和种子质量认证制度。

年 3 月，中国正式施行新《中华人民共和国种子法》，新法
律打击假冒伪劣种子，鼓励中国种业向国际标准靠拢，进行
高标准创新。

（四）保护耕地和水资源等基本生产要素

耕地资源保护方面，中国建立了基本农田保护制度，实
行了最严格的耕地保护制度，加强耕地质量建设。水资源保
护利用方面，中国政府发布了《中国节水技术政策大纲》，
推广使用旱作节水技术，提高水资源利用效率；加快实施以
节水改造为中心的大型灌区续建配套，加快中小型水利设施
建设，扩大农田有效灌溉面积，提高排涝和抗旱能力。

（五）提高粮食生产的物资装备水平

组织实施优质粮食产业工程。在全国 13 个粮食主产省
区选择 484 个县（场），重点实施优质专用良种繁育、病虫
害防控、标准粮田、现代农机装备推进和粮食加工转化项
目，重点建设一批国家优质专用粮食基地，提高农业投入品
利用效率。中央财政安排专项补助，推广测土配方施肥先
进技术，为农民提供免费测土、配方和施肥指导服务。从
2004 年开始，各级财政拿出一部分资金，对农民个人、农
场职工、农机专业户和直接从事农业生产的农机服务组织
购置和更新大型农机具给予一定补贴，推进农业机械化
发展。

（六）加强粮食储备能力建设

粮食储备是保障国家粮食安全的重要物质基础。中国粮
食储备分为政府粮食储备和民间粮食储备。政府粮食储备主
要作为政策性粮食储备，是保障粮食供求平衡，调整粮食供
求，控制粮食价格的重要手段；民间粮食储备主要作为经营
性粮食储备。近年来，中国不断优化储备区域布局，中央储

备主要布局在战略要地、粮食主产区、交通要道和有特殊需要的地区，地方储备主要布局在大中城市、市场易波动地区、灾害频发地区和缺粮地区，确保关键时刻储备粮调得出、用得上；并且逐步完善分类管理、分级负责、属地保障的粮食应急管理体制，加快形成布局合理、运转高效的粮油应急保供网络。2021年，国家粮食和物资储备局印发《政府储备粮食质量安全管理办法》，加强粮食储备安全管理的政策要求，强化质量管理，确保政府储备粮食质量安全。

（七）高标准保障食品安全

在多种举措保障粮食安全的同时，中国政府对食品安全的重视程度也不断提高。2015年10月1日，新修订的《中华人民共和国食品安全法》开始施行。与此同时，农业部配合立法机关启动了《中华人民共和国农产品质量安全法》的修订工作，从立法层面规范食品安全。

农业农村部还积极推动完善和健全从农田到餐桌的农产品质量和食品安全监管体系，建立全程可追溯、互联共享的信息平台，加强标准体系建设，健全风险监测评估和检验检测体系。加快推进病死畜禽无害化处理与养殖业保险联动机制建设。规范畜禽屠宰管理，加强人畜共患传染病防治。强化动植物疫情疫病监测防控和边境、口岸及主要物流通道检验检疫能力建设，严防外来有害物种入侵。深入开展食品安全城市和农产品质量安全县创建，开展农村食品安全治理行动。2021年国家卫生健康委、农业农村部和市场监管总局发布2021版《食品安全国家标准食品中农药最大残留限量》联合公告，此次修订版新增农药品种和限量标准数量多、调整幅度大、涉及面广，新增部分农药残留限量2 985项；修订农药残留限量194项；新增农药81种等，对中国农产品质量安全监管、农业生产和贸易产生较大影响。①

第二节　农村土地政策

一、政策背景

改革开放以来，伴随城镇化和工业化快速推进，中国耕地数量和质量都出现了一定下降趋势，耕地保护的重要性和紧迫性逐渐显现并且日益突出。为解决这一问题，中国政府出台了一系列农村土地政策。

二、政策内容

（一）建立基本农田保护制度

基本农田主要包括：国务院有关主管部门或县级以上地方人民政府批准确定的粮、棉、油生产基地内的耕地；有良好水利与水土保持设施的耕地，正在实施改造计划以及可以改造的中低产田；蔬菜生产基地以及农业科研、教学实验田等。国家对基本农田实行全面规划、合理利用、用养结合、严格保护的方针。省、自治区、直辖市划定的基本农田应当占本行政区域内耕地总面积的 80％ 以上。划定永久基本农田，确保基本农田总量不减少、用途不改变、质量有提高。县级以上地方各级人民政府要将基本农田保护工作纳入国民经济和社会发展计划，作为政府领导任期目标责任制的一项内容，并由上一级人民政府监督实施。同时对基本农田占用、补充以及若干禁止事项做出了明确规定。

---

① 中国农产品质量安全网 . 2021 版食品中农药最大残留限量国家标准解析 [EB/OL]. http://www.aqsc.agri.cn/gzjl/xtdt/202108/t20210827_385934.htm.

（二）实行最严格的耕地保护制度

发挥规划和计划的宏观调控作用，优化土地利用结构。严把土地闸门，加强新增建设用地审批管理。农用地转为建设用地，必须符合土地利用总体规划、城市总体规划、村庄和集镇规划，纳入年度土地利用计划，并依法办理农用地转用审批手续。禁止通过"以租代征"等方式使用农民集体所有农用地进行非农业建设，擅自扩大建设用地规模。农民集体所有建设用地使用权流转，必须符合规划并严格限定在依法取得的建设用地范围内。未依法办理农用地转用审批，国家机关工作人员批准通过"以租代征"等方式占地建设的，属非法批地行为；单位和个人擅自通过"以租代征"等方式占地建设的，属非法占地行为，要依法追究有关人员的法律责任。

强化地方政府保护耕地的责任，确保实现耕地保护目标。地方各级人民政府要建立相应的工作制度，层层落实责任，采取多种形式，确保耕地保护目标落实到基层，坚决守住1.2亿公顷耕地红线。

严格执行占用耕地补偿制度。各类非农业建设经批准占用耕地的，建设单位必须补充数量、质量相当的耕地，补充耕地的数量、质量实行按等级折算，防止占多补少、占优补劣。继续推进土地整理复垦开发，耕地实行先补后占，不得跨省域进行占补平衡。不能自行补充的，必须按照各省、自治区、直辖市的规定缴纳耕地开垦费。耕地开垦费要列入专户管理，不得减免和挪作他用。政府投资的建设项目也必须将补充耕地费用列入工程概算。

（三）加强耕地质量建设

鼓励农民和农村集体经济组织增加对土地的投入，培肥地力，提高土地生产能力。利用基本农田从事农业生产的单位和个人应当保持和培肥地力。国家提倡和鼓励农业生产者对其经营的基本农田施用有机肥料，合理施用化肥和农药。采取各种有效措施提高耕地产出水平，推广绿肥种植、秸秆还田技术，加大对使用有机肥料的支持力度，培肥基本农田地力；大力推广应用配方施肥、保护性耕作、地力培肥、退化耕地修复等技术，提升基本农田地力等级。加大对基本农田保护区农田水利建设的投入，改造和配套水利灌溉排水设施，增加基本农田的有效灌溉面积。

重视开展基本农田土地整理。各级政府投资的土地整理项目向基本农田保护区，特别是国家粮食主产区（主产县）和商品粮基地的基本农田保护区倾斜，落实基本农田土地整理任务。基本农田土地整理新增加的耕地要划为基本农田。生态脆弱地区在对陡坡地和严重沙化地退耕的同时，要加大对平坝和缓坡耕地的整理力度，加大坡改梯、淤地坝以及对出现沙化趋势的耕地的建设和治理力度，使当地保有足够数量的基本口粮田。建立基本农田建设集中投入制度。加大公共财政对粮食主产区（主产县）和主要农业生产基地基本农田保护区建设的扶持力度；农田水利建设、农业综合开发、土地开发整理、耕地质量建设、农田林网建设等资金，按照地方政府统一规划、分步实施、部门管理、项目运作的原则，向基本农田保护区倾斜；制定扶持政策积极鼓励农民自愿出资出劳，建设高标准的基本农田，切实提高基本农田的生产能力。

（四）完善征地制度

对土地一级市场实行政府垄断制度。提高征地成本、规范征地范围，除了涉及农用地转为建设用地必须办理农用地转用审批手续外，在提高补偿标准、完善征地程序方面完善征地制度。征地补偿标准要视具体情况提高。土地补偿费和安置补助费的总和原则上不得超过土地被征收前三年平均年产值的 30 倍，但国务院在特殊情况下可以提高征收耕地的土地补偿费和安置补助费的标准。另外，在地价平衡上，征地补偿同地同价。

（五）土地确权登记颁证

中国的土地为国家所有或农村集体所有，农民依法享有土地承包经营权。农民承包土地后，土地的所有权性质不变，依然为国家所有或农村集体所有，农民享有经营权。农村土地承包经营权，是指农村土地承包人对其依法承包的土地享有占有、使用、收益、流转等权利，但不得买卖。

土地确权登记颁证工作为坚持集体所有权、稳定农户承包权，同时也为实现土地承包经营权在市场运行中的抵押、担保和转让奠定重要法律基础。2009 年以来，中央连续 7 个 1 号文件都要求积极稳妥、有序地开展全国农村土地承包经营权确权登记颁证工作，2013 年中央 1 号文件明确提出"用 5 年时间基本完成农村土地承包经营权确权登记颁证工作"，明确了总体进度要求。

2014 年山东、四川、安徽 3 省在全省范围开展土地确权登记颁证试点，2015 年扩大了整省试点范围，新增江苏、江西、湖北、湖南、甘肃、宁夏、吉林、贵州、河南等 9 省（自治区）开展整省试点，其他省份根据本地实际继续扩大整县试点。从 2014 年开始启动整省试点并逐步全面推开，历时 5 年在全国 2 838 个县（市、区）、3.4 万个乡镇、55 万多个行政村基本完成承包地确权登记颁证工作。截至 2020 年，全国农村承包地确权登记颁证超过 96%，2 亿农户领到了土地承包经营权证①。总体看，这一工作解决了长期以来承包地块面积不准、四至不清等问题，推动了土地资源的优化配置，不仅没有影响农村社会稳定，还推动解决了一些历史遗留问题，得到广大农民群众的拥护和支持。

除此之外，已在全国 16 个省份的 20 个县、乡、村开展草原确权承包登记整体试点，探索建立健全信息化规范化的草原确权承包管理模式和运行机制，积极推进《中华人民共和国草原法》修订和《基本草原保护条例》的立法进程。截至 2020 年，全国累计落实草原承包 43 亿亩，全国草原禁牧面积 12 亿亩、草畜平衡面积 26 亿亩。

（六）土地流转

土地流转是指土地使用权流转，土地使用权流转是指拥有土地承包经营权的农户将土地经营权（使用权）转让给其他农户或经济组织，即保留承包权，转让使用权。按照中国现行法律规定，土地承包经营权属于农民家庭，农民有权自主决定土地是否流转、价格如何确定、形式如何选择，流转收益归承包农户所有。2015 年中央 1 号文件指出，"坚持农民家庭经营主体地位，引导土地经营权规范有序流转，创新土地流转和规模经营方式，积极发展多种形式适度规模经营，提高农民组织化程度"。为合理有序保证农民土地流转，中国政府逐步建立和完善了县、乡、村三级服务和管理网络，建立了土地流转监测制度，为流转双方提供信息发布、政策咨询等服务。引导承包农户与流入方签订书面流转合同，并使用统一的省级合同示范文本。严禁借土地流转之名

---

① 中国政府网.全国农村承包地确权登记颁证超 96% ［EB/OL］. http：//www.gov.cn/xinwen/2020－11/10/content_5560093.htm.

违规搞非农建设。严禁占用基本农田挖塘栽树及其他毁坏种植条件的行为。严禁破坏、污染、圈占闲置耕地和损毁农田基础设施。

2021 年，农业农村部颁布《农村土地经营权流转管理办法》，对资格审查更加明确，同时农业农村部制定了农村土地流转合同的统一文本，并且强化了用途管制，以确保粮食安全第一。通过规范土地流转，积极发展多种形式适度规模经营，提高农民组织化程度。鼓励发展规模适度的农户家庭农场，完善对粮食生产规模经营主体的支持服务体系。截至 2015 年年底，全国家庭承包经营耕地流转面积达到 2 953.33 万公顷，流转面积占家庭承包耕地总面积的 33.3%；全国经营规模 3.3 公顷以上的农户数达到 341.4 万户，经营面积超过 2 333.33 万公顷，户均经营面积 6.67 公顷[1]。截至 2020 年年底，全国家庭承包耕地流转面积超过 3 700 万公顷，超过确权承包地的三成[2]。

第三节　农业补贴政策

一、政策背景

农业补贴通常是指国家财政对农业生产、流通和贸易进行的转移支付。在 WTO 农业协议中，农业补贴包括政府对农业部门的所有投资或支持，包括政府对国内农业部门的生产支持及对农业生产、贸易各环节主体给予的各种形式的收

---

① 农业部．中国农业发展报告 [M]．北京：中国农业出版社，2016.
② 中国政府网．《农村土地经营权流转管理办法》3 月 1 日起施行——15 亿亩承包地如何合理有序流转 [EB/OL]．http：//www.gov.cn/xinwen/2021－02/08/content_5585799.htm.

入补贴。为保障粮食生产、促进农民增收和保护生态环境目标，中国政府出台了大量针对农业、农村和农民的补贴政策。

二、政策内容

（一）农业支持保护补贴

农业补贴是国家强农惠农富农政策的重要组成部分，自2004年起，中国政府先后实施了农作物良种补贴、种粮农民直接补贴和农资综合补贴三项补贴政策（以下统称农业"三项补贴"），这对于促进粮食生产和农民增收、推动农业农村发展发挥了积极的作用。为了进一步发挥财政补贴的积极作用，2016年5月财政部、农业部印发了《关于全面推开农业"三项补贴"改革工作的通知》，将种粮农民直接补贴、农作物良种补贴和农资综合补贴合并为农业支持保护补贴。

中国农业大学中国农村政策研究中心的第三方评估显示，"三补合一"后，耕地撂荒现象减少了，农民的获得感增强了，政策实施成本也大大降低了。据对5个试点省的10个县、20个行政村、309户农民的调查数据显示，94%的农户表示接受"三项补贴"改革，而且资金一次性发放，提高了政策满意度。2022年中央财政执行粮食生产一揽子支持政策，稳定实施耕地地力保护补贴，向实际种粮农民发放一次性补贴300亿元，比上年增加100亿元。此外，国家继续实施玉米和大豆生产者补贴、稻谷补贴和产粮大县奖励等政策，巩固农业供给侧结构性改革成效，保障国家粮食安全①。

---

① 中国政府网．财政部　农业农村部发布2022年重点强农惠农政策［EB/OL］．http：//www.gov.cn/xinwen/2022－06/10/content_5695131.htm.

（二）农机购置补贴

中国政府从 2004 年开始实施农机具购置补贴政策，其目的在于鼓励农民购买先进农机具，促进农机化发展和提高农业生产的物资装备水平。农机购置补贴范围已覆盖全国所有农牧县（场），补贴对象为纳入实施范围并符合补贴条件的农牧渔民、农场（林场）职工、农民合作社和从事农机作业的农业生产经营组织。

2021 年，农业农村部办公厅印发《2021—2023 年农机购置补贴实施指导意见》，补贴机具种类范围由之前的 11 个大类 43 个小类 137 个品目，增加为 15 大类 44 个小类 172 个品目。各省根据农业生产需要和资金供需实际，从全国补贴范围中选取本省补贴机具品目，优先保障粮食、生猪等重要农畜产品生产、丘陵山区特色农业生产以及支持农业绿色发展和数字化发展所需机具的补贴需要，将更多符合条件的高端、复式、智能产品纳入补贴范围。

要求各省保持补贴额总体稳定，全面公开农机购置补贴机具补贴额一览表，加强宣传，引导购机者根据各档次的补贴定额自主议价。在政策实施过程中发现具体产品或档次的中央财政资金实际补贴比例超过 50％的，应及时组织调查，对有违规情节的，按相关规定处理；对无违规情节的补贴申请，可按原规定兑付补贴资金，并组织对相关产品及其所属档次补贴额进行评估，视情况及时调整。补贴资金出现较多缺口的省份，应及时下调部分机具的补贴额，确保政策效益普惠共享。

（三）耕地保护与质量提升补贴与建设

在 2022 年重点强农惠农政策中，对耕地地力保护、高标准农田建设、耕地深松等进行补贴与建设。对拥有耕地承包权的种地农民，通过"一卡（折）通"等形式直接兑现到户，做到享受补贴农民的耕地不撂荒、地力不下降，切实推动落实"藏粮于地"战略部署，遏制耕地"非农化"。同时，重点加大对粮食主产省高标准农田建设，因地制宜实施田块整治、土壤改良、灌溉和排水、田间道路、农田输配电等建设内容，加强农业基础设施建设，提高农业综合生产能力。此外，在适宜地区开展深松（深耕）整地作业，提高土壤蓄水保墒能力，促进耕地质量改善和农业综合生产能力提升。深松（深耕）作业深度一般要求达到或超过25厘米，具体技术模式、补助标准和作业周期由各地因地制宜确定。

（四）农业救灾补助补贴

主要包括农业生产救灾补助、重大动物疫病防疫补助、农业保险补贴等，其中农业生产救灾补助是对农民受灾后进行一定额度的补助，用于重建和开展生产自救。每年的支出数额视灾害严重程度而定。重大动物疫病防疫补助是2003年禽流感疫情发生后，为了加强动物疫病防治而出台的专项补助政策，资金主要用于对农民进行动物疫病防治和畜禽宰杀提供补助。农业保险补贴则是为了鼓励各地发展政策性农业保险而设立的专项资金，主要用于农民的保费补贴。2019年11月，财政部、农业农村部和水利部联合印发《农业生产和水利救灾资金管理办法》，用于支持应对农业灾害的农业生产救灾、应对水旱灾害的水利救灾两个支出方向的转移支付资金。在2022年发布的重点强农惠农政策中，中央财政安排夏粮小麦促壮稳产补助资金超过60亿元，其中16亿元专门用来实施新的小麦"一喷三防"补贴政策，以防农作物病虫害、防干热风、防早衰，促进小麦稳产增产^①；对动物疫病强制免疫、强制扑杀和销毁、养殖环节无害化处理工作给予补助；对稻谷、小麦、玉米、棉花、马铃薯、油料作物、糖料作物、天然橡胶、能繁母猪、育肥猪、奶牛、森林、青稞、牦牛、藏系羊，以及三大粮食作物制种保险给予保费补贴支持。

（五）农业生态建设补贴

农业生态建设主要包括沼气工程、退耕还林工程、退牧还草工程、提升土壤有机质及养殖小区建设等。退耕还林工程是中国从可持续发展战略出发做出的一项重大战略决策。退牧还草工程是为了缓解草原过度放牧问题。提升土壤有机质补贴是为了鼓励农民进行秸秆还田，增加土壤有机质成分而出台的一项补贴政策。养殖小区建设补助政策则是为了实现人畜分离，改善农村生活环境，减少人畜共患疾病发生而设立的一项专项补助政策。

2015 年，农业部会同国家发展改革委下达中央预算内农村沼气投资 20 亿元，建设规模化大型沼气工程项目 386 个，规模化生物天然气工程试点项目 25 个。2015 年，中央财政拨付新一轮退耕还林还草专项资金 49.64 亿元，其中，现金补助 49.28 亿元、工作经费一次性补助 0.36 亿元。在财政部、农业农村部发布的 2022 年重点强农惠农政策中，与农业资源保护利用和生态建设政策相关的主要包括草原生态保护补助奖励、渔业发展补贴、绿色种养循环农业试点、农作物秸秆综合利用等。

---

① 央视网．在希望的田野上·三夏时节｜财政支农政策保障夏粮丰产丰收 [EB/OL]．https：//news. cctv. com/2022/06/06/ARTI9SZcuWShWtIyiNUOfYzI-220606. shtml.

第四节　农村金融政策

一、政策背景

农村金融是现代农村经济的核心，是支持服务农业和农村经济发展的重要力量。改革开放以来，农村金融体系历经改革，但仍不能满足农业和农村发展对金融的需要。为此，中国政府采取相应措施对农村金融进行了循序渐进的改革，构建了多层次、广覆盖、可持续的农村金融体系。同时，安排专项资金支持地方开展针对新型农业经营主体的"互联网金融＋品牌质押贷款"和"P2P＋担保贷款"试点。

二、政策内容

（一）政策性、商业性和合作性金融机构共同发展的政策体系

农村政策性金融机构主要包括中国农业发展银行、政策性农业保险公司。农村商业性金融机构主要包括中国农业银行、农村商业银行、村镇银行、邮政储蓄银行以及商业性保险公司等。农村合作金融机构主要包括农村合作银行、农村信用合作社、农村资金互助组织等。其他金融机构主要包括贷款公司、小额信贷机构、民间金融形式等。2019年，在关于金融服务乡村振兴的指导意见中明确指出，鼓励开发性、政策性金融机构在业务范围内为乡村振兴提供中长期信贷支持，培育农村经济增长动力；加大商业银行对乡村振兴的支持力度，中国农业银行要进一步改革完善"三农"金融事业部体制机制，积极实施互联网金融服务"三农"工程，着力提高农村金融服务覆盖面和信贷渗透率；中国邮政储蓄

银行要发挥好网点网络优势、资金优势和丰富的小额贷款专营经验，做好小微普惠领域的金融服务。股份制商业银行和城市商业银行要结合自身职能定位和业务优势，突出重点支持领域，围绕提升基础金融服务覆盖面、推动城乡资金融通等乡村振兴的重要环节，积极创新金融产品和服务方式，打造综合化特色化乡村振兴金融服务体系①。

（二）农村信用贷款政策

农村信用贷款是中国政府正在推进的农村金融改革的重要一环。为积极推进农村信用贷款发展，中国政府综合运用财政税收、货币信贷等政策措施，推动金融资源继续向"三农"倾斜。在财政税收政策方面，对农村金融机构实施定向费用补贴，2013—2020年支持了超过3 000家（次）新型农村金融机构和西部基础金融服务薄弱地区金融机构（网点）；实施农村金融税收优惠政策，对金融机构农户小额贷款的利息收入实行增值税和所得税优惠。在货币信贷政策方面，实行差别化的存款准备金政策，中国人民银行调整存款准备金率时，会结合实际情况定向下调或不上调涉农贷款金融机构存款准备金率；对农村金融机构的支农再贷款和再贴现方面给予优惠的政策支持。

（三）农村金融担保政策

为了缓解农村金融担保不足矛盾，中国政府制定了一系列政策措施。根据农村实际，2007年8月，中国银监会下发了《中国银监会关于银行业金融机构大力发展农村小额贷款业务的指导意见》，突破了所有贷款必须实施担保、抵押

---

① 中国政府网. 人民银行、银保监会、证监会、财政部、农业农村部联合发布《关于金融服务乡村振兴的指导意见》［EB/OL］. http：//www.gov.cn/xin-wen/2019 - 02/11/content_5364842. htm.

的规定，对农户和农村中小企业实行信用贷款，并放宽了信用贷款额度，发达地区可提高到 10 万～20 万元，欠发达地区可提高到 1 万～5 万元，其他地区在此范围内视情况而定。中国银监会还下发了《银行开展小企业授信工作指导意见》和《小企业贷款风险分类办法（试行）》，不仅提出对小企业可发放信用贷款，而且扩大了抵押物范围，房产、商铺、知识产权、仓单、应收账款和存货均可抵押、质押。此外，结合中国正在开展的土地确权和土地流转工作，在风险可控前提下，稳妥有序推进农村承包土地的经营权和农民住房财产权抵押贷款试点。农业部配合中国人民银行起草了《国务院关于开展农村承包土地的经营权和农民住房财产权抵押贷款试点的指导意见》，确定了 232 个农村承包土地的经营权抵押贷款试点县（市、区）。

2016 年以来，财政部会同农业农村部、银保监会（以下统称三部门）大力推进全国农业信贷担保体系建设工作。三部门不断加强顶层设计，积极构建机构框架，着力完善政策制度，取得积极成效。2016—2018 年，中央财政每年安排相关资金支持农业适度规模经营，主要用于各级农业信贷担保公司的注资。目前，全国农担体系资本金总额 794.07 亿元，其中国家农业信贷担保公司 150 亿元，省级公司 644.07 亿元。同时，考虑到农业信贷担保业务地处农村，区域广、规模小、成本高，中央财政对各地政策性担保业务给予持续性支持：一是给予担保费用补助，支持省级公司降低担保费率和农业融资成本；二是进行业务奖补，支持省级公司提高风险代偿能力。

（四）政策性农业保险

中国目前推行的政策性农业保险是由政府发起的，旨在保护和扶持农业平稳发展的一个公益性保险产品，通过政府保费补贴等政策扶持，对种植业、养殖业、农房、森林等因遭受自然灾害和意外事故造成的经济损失提供成本损失补偿。2009 年，中国保监会发布《关于规范政策性农业保险业务管理的通知》，对政策性农业保险做出了具体规范。2012 年，国务院又颁布了《农业保险条例》，进一步规范了农业保险活动。目前，中央财政提供农业保险保费补贴的品种主要包括种植业、养殖业、森林和涉藏特定品种 4 大类，覆盖稻谷、小麦、玉米、棉花、马铃薯、油料作物、糖料作物、天然橡胶、三大主粮作物制种、能繁母猪、育肥猪、奶牛、公益林、商品林、青稞、牦牛、藏系羊等品种。地方财政支持开展的特色农产品保险品种超过 260 个。2021 年，财政部修订印发《中央财政农业保险保费补贴管理办法》，对农业保险保费补贴政策做出新的规定：在省级财政至少补贴 25% 的基础上，中央财政对中西部和东部地区种植业分别补贴 45% 和 35%；中央财政对中西部和东部地区养殖业分别补贴 50% 和 40%；中央财政对公益林和商品林分别补贴 50% 和 30%；中央财政对涉藏特定品种补贴 40%[①]。

随着中国政策性农业保险制度的逐步建立，农业保险保费补贴力度逐步加大，2016 年，中央财政拨付农业保险保费补贴资金 158.30 亿元，是 2007 年的 7 倍多，带动全国实现农业保险保费收入 417 亿元，为 2.04 亿户次农户提供风险保障 2.16 万亿元[②]。自 2007 年实施保费补贴政策以来，财

---

① 农业农村部 . 2022 年国家强农惠农富农政策措施选编［EB/OL］. http://www.zcggs.moa.gov.cn/zczc/202206/t20220615_6402470.htm.

② 中国经济网 . 我国农业保险很给力［EB/OL］. http://finance.ce.cn/rolling/201706/20/t20170620_23723985.shtml.

政部累计拨付保费补贴资金 2 201 亿元，年均增长 21.7%。2020 年，财政部拨付保费补贴资金 285.39 亿元，推动中国成为全球农业保险保费规模最大的国家，实现保费收入 815 亿元，为 1.89 亿户次农户提供风险保障 4.13 万亿元，中央财政补贴资金引导和使用效果放大近 145 倍。2021 年，财政部进一步加大农业保险支持力度，安排农业保险保费补贴资金 333.45 亿元，带动中国农业保险实现保费收入 965.18 亿元，为超过 2 亿户次农户提供风险保障 4.78 万亿元，持续为中国农业生产保驾护航[①]。

第五节 农产品价格支持政策

一、政策背景

中国在 2004 年之后逐步形成了新时期农产品市场调控政策体系，逐步取消了保护价，实行最低收购价，取消农业税，实行多种农业补贴政策。该政策体系对支撑中国经济的平稳较快增长发挥了重要作用。为了进一步完善农产品价格形成机制，中国政府对不同农产品实行差别化的价格支持政策，对稻谷、小麦实行最低收购价政策，同时不断完善和改进农产品目标价格补贴，强化农业信息监测预警和发布。

二、政策内容

（一）最低收购价政策

粮食最低收购价政策，是为保护农民利益、保障粮食市

---

① 中国政府网. 财政部有关负责人就修订出台《中央财政农业保险保费补贴管理办法》答记者问 [EB/OL]. http://www.gov.cn/zhengce/2022 - 01/16/content_5668540.htm.

场供应实施的粮食价格调控政策。一般情况下，粮食收购价格受市场供求影响，国家在充分发挥市场机制作用的基础上实行宏观调控，必要时由国务院决定对短缺的重点粮食品种，在粮食主产区实行最低收购价格。当市场粮价低于国家确定的最低收购价时，国家委托符合一定资质条件的粮食企业，按国家确定的最低收购价收购农民的粮食。

（二）农产品临时收储政策

中国政府在确定最低收购价品种时，并没有将玉米、大豆等品种列入其中。2008 年，国家在东北产区收购 600 万吨临时收储玉米之后，针对当年玉米、大豆等粮食价格的下跌，为了提高农民的收入和农民的种粮积极性，从 2008 年10 月开始，先后启动了五批粮食临时收储计划，品种涉及玉米、大豆、稻谷、油菜籽等，由此拉开了中国粮食收储政策的序幕。中国的农产品保护性托市收储政策已实行近十年，先后包括玉米、大豆、棉花、白糖等品种，收储政策通过设定国家收储价，保证农民销售农产品的最低价，保障其收入从而保护其种植积极性。但近年来因其扭曲市场价格等因素，临时收储已经成为中国农业供给侧结构性改革的突破口。

2015 年以来，中国政府逐步对临时收储政策进行调整。首先，为了缓解玉米消费低迷、替代品进口大幅增加、仓容压力和财政负担加重等问题，促进玉米产业链上下游协调发展。2015 年国家下调了东北三省和内蒙古自治区玉米临时收储价格。到 2016 年，中国正式取消玉米临时收储政策，将玉米临时收储政策调整为"市场化收购"加"补贴"的新机制，对东北三省和内蒙古自治区给予一定的财政补贴，中央财政补贴资金拨付到省区，由地方政府统筹将补贴资金兑付到生产者，以保持优势产区玉米种植收益基本稳定。

与此同时，油菜籽收储政策进一步完善，取消中央层面的临时收储政策，由中央财政向江苏、安徽、湖北、湖南、四川、河南、贵州七省拨付补助资金，专项支持主产省采取鼓励加工企业收购、补贴种植大户、推广高产优质油菜及品牌化生产经营等方式，做好油菜籽生产和收购工作。

（三）农产品目标价格补贴政策

目标价格补贴政策是在市场形成农产品价格的基础上，通过差价补贴保护生产者利益的一项农业支持政策。当市场价格低于目标价格时，国家根据目标价格与市场价格的差价和种植面积、产量或销售量等因素，对试点地区生产者给予补贴；当市场价格高于目标价格时，国家不发放补贴。

2014年1月，中共中央、国务院印发了《关于全面深化农村改革加快推进农业现代化的若干意见》，强调完善粮食等重要农产品价格形成机制，继续坚持市场定价原则，逐步建立农产品目标价格制度。2014年，中国政府启动了东北和内蒙古大豆、新疆棉花目标价格补贴试点，目标价格在作物播种前公布，以引导农民合理安排农业生产。试点阶段目标价格每年确定一次，以便根据变化及时调整。与目标价格相对应的市场价格为采价期内全省（区）平均市场价格。随着大豆生产种植形势和市场行情的变化，中国政府于2017年取消了大豆目标价格试点，实行市场化收购加补贴机制，中央财政对大豆生产者给予补贴，鼓励增加大豆种植，合理调减非优势产区玉米生产。

第六节 农业合作组织政策

一、政策背景

农民专业合作社是以农村家庭承包经营为基础，通过提供农产品的销售、加工、运输、贮藏以及与农业生产经营有关的技术、信息等服务来实现成员互助目的的农业合作组织，从成立开始就具有经济互助性。为促进和推动农民专业合作社依法规范发展，中国政府从法规制度建设、财政扶持和人才培养等方面大力扶持农民专业合作社发展，努力为农民专业合作社发展创造良好的宏观环境。截至 2021 年 4 月底，全国依法登记的农民合作社达到 225.9 万家，联合社超过 1.4 万家①。

二、政策内容

(一)加强法规制度建设

2007 年 7 月 1 日，《中华人民共和国农民专业合作社法》正式施行，赋予农民专业合作社独立合法地位，为合作社发展提供了法律保障。之后又出台《农民专业合作社示范章程》《农民专业合作社财务会计制度（试行）》等文件，为合作社标准规范发展提供了指导意见。近些年，地方关于农民专业合作社立法进程也逐步加快，2011 年，山西、江西、四川、重庆、海南 5 个省（直辖市）出台了《农民专业合作社法》实施办法和地方条例，截至 2015 年年底，有 19 个省

---

① 中国经济网. 全国依法登记的农民合作社达 225.9 万家 ［EB/OL］. http：//tuopin. ce. cn/news/202106/21/t20210621_36658028. shtml.

份出台了合作社地方性法规，15 个省份制定了规范化建设指导意见，为农民专业合作社规范发展提供了制度保障。

"十三五"期间，农民合作社法律制度体系进一步完善。新修订的《农民专业合作社法》自 2018 年 7 月 1 日起施行，突出规范农民合作社组织行为的立法导向，依法维护农民合作社及其成员的合法权益。农业农村部制定修订了《农民专业合作社示范章程》《农民专业合作社联合社示范章程》，会同财政部制定印发《农民专业合作社解散、破产清算时国家财政直接补助形成的财产处置暂行办法》，为农民合作社依法依规办社提供了制度遵循。经国务院同意，中央农办、农业农村部等 11 个部门制定印发《关于开展农民合作社规范提升行动的若干意见》，召开了促进农民合作社和家庭农场高质量发展工作现场会议，就提升农民合作社规范化水平、增强服务带动能力、加大政策支持力度等，做出总体部署。各级农业农村部门会同有关部门加大指导服务力度，引导农民合作社完善章程制度、健全组织机构、规范财务管理、合理分配收益、加强登记管理，探索农民合作社简易注销便民措施，农民合作社发展质量稳步提升[①]。2022 年 7 月，财政部、农业农村部印发《农民专业合作社财务制度》，加强农民专业合作社和农民合作社联合社财务管理，保护合作社合法权益。

（二）加强财政扶持

2003—2010 年，中央财政累计安排专项资金超过 18 亿元，主要用于扶持农民专业合作社增强服务功能和自我发展

---

① 农业农村部.农业现代化辉煌五年系列宣传之二十一：农民合作社实现规范提升［EB/OL］. http://www.ghs.moa.gov.cn/ghgl/202106/t20210617_6369793.htm.

能力。农机购置补贴财政专项资金对农民专业合作社优先予以安排。2015 年，中央财政拨付 20 亿元，专项用于支持农民专业合作组织发展，旨在促进新型农业经营体系构建，不断提高农民组织化程度。2015 年，中央财政从现代农业生产发展资金中安排部分资金，专门用于支持农民专业合作社发展。农业部在北京、湖北、湖南、重庆等省（直辖市）开展合作社贷款担保保费补助试点，充分发挥财政资金"四两拨千斤"的杠杆效应。此外，农业部从 2004 年开始开展农民专业合作组织示范项目，已累计安排 2.45 亿元，扶持了 1 199 个农民专业合作组织。在农产品流通方面，支持引导 1 万家合作社与超市等各类市场主体建立产销对接关系。

为了更好地发挥农民合作社在推动农业现代化中的重要作用，各级政府通过财政税收、金融保险、用地用电等政策支持合作社发展。农民合作社 500 强中有 54.2% 的合作社在 2020 年获得了财政补贴，比 2019 年高出 2.8 个百分点。农民合作社 500 强平均每家合作社获得财政补贴 42.8 万元，较 2019 年提高了 37.4%，其中西部地区合作社平均获得的财政补贴金额最高，达到 51.4 万元[①]。

（三）加强人才培养

农业部从 2011 年起组织实施现代农业人才支撑计划，每年培养 1 500 名合作社带头人[②]。将专业合作社人才纳入

---

① 中国供销合作网 . 2021 中国新型农业经营主体发展分析报告（一）——基于中国农民合作社的调查 [EB/OL]. http：//www. chinacoop. gov. cn/news. html？aid=1732302.

② 中国农业信息网 . 扶持农民专业合作社发展政策 [EB/OL]. http：//www. agri. cn/kj/mbz/2012mbz/2012gjzclszc/201207/t20120723_2800247. htm.

国家中长期人才发展规划和现代农业人才支撑计划，通过"阳光工程"① 开展专业合作社管理人员培训。农业农村部与共青团中央就农村青年创业就业签署协议，鼓励引导农村青年能人领办合作社。

2020 年，继续加大对合作社从业人员的能力素质培训。通过线上、线下相结合的方式，农民合作社带头人能力提升研修班共举办 6 期，培训农民合作社带头人和辅导员共 771 人次。同时，指导地方创建农民合作社服务中心，加强农民合作社辅导员队伍建设，面向乡土专家、大学生村官、返乡创业人员、农民合作社带头人等人才培养发展辅导员，对农民合作社运行管理给予指导。

（四）开展示范建设

目前，各地各部门开展了形式多样的示范社、示范县创建活动。2015 年，全国农民合作社发展部际联席会议组织开展了国家示范社首次监测工作，对 3 292 家监测合格的合作社授予国家示范社称号，纳入国家示范社名录。此外，国家市场监督管理总局组织专项督查组，在全国范围内开展合作社年报信息公示专项督查，并通报有关情况，促进监管制度落实。截至 2021 年 6 月，全国县级以上示范社近 16 万家，国家示范社超过 9 000 家。连续启动两批全国农民合作社质量提升整县推进试点。在社企对接方面，农业农村部与中国邮政、中化、中粮等企业开展战略合作，为各类农民合作社提供金融、电商、寄递、绿色种养技术等现代农业服务，支持农民合作社发展壮大。

---

① 由政府公共财政支持，主要在粮食主产区、劳动力主要输出地区、贫困地区和革命老区开展的农村劳动力转移到非农领域就业前的职业技能培训。

第七节　农村劳动力政策

一、政策背景

中国政府有关农村劳动力流动就业政策开始于改革开放以后，大致经历了从内到外、由紧到松、从无序到规范、由歧视到公平的过程。进入 21 世纪以来，为了推进城乡统筹发展、解决农民增收难的问题，中国政府对农民外出务工以积极引导为主。之后，伴随城镇化快速发展，中国政府又结合城镇化发展过程中出现的矛盾与问题，实施了一系列政策措施。

二、政策内容

（一）农村劳动力转移就业服务

为了保障农村外出劳动力的合法权益，促进农村富余劳动力有序转移，加快城镇化发展，中国政府出台了多种措施。一是鼓励城镇落户，逐步使符合条件的农业转移人口落户城镇，不仅放开小城镇落户限制，也在合理引导大中城市放宽落户条件。以就业年限、居住年限、城镇社会保险参保年限为基准条件，因地制宜制定具体农业转移人口落户标准，同时根据不同城市规模，实施差别化落户政策。二是做好就业服务，根据用人单位的需求和外出务工农村劳动力的情况，搭建平台促进就业，提高小企业和农民工劳动合同签订率。三是加强农民工安全生产和职业健康保护，通过《中华人民共和国安全生产法》和《中华人民共和国职业病防治法》等一系列政策法规的出台，完善农民工安全生产和职业病防治法规体系。此外，在农民工劳动薪酬、农民工创业、农民工享受基本公共服务等多方面都给予相应帮助和扶持。

（二）农民工权益保障

为了合理有序推动农村人口城镇化，解决劳动力转移过程中出现的问题，中国政府对农民工权益保障非常重视。第一，取消对农民进城务工就业的不合理限制，各行业和工种要求的技术资格、健康等条件对农民工一视同仁。第二，各地人社部门对拖欠农民工工资违法行为的联合惩戒力度不断加强，通过与公安机关、检察机关、审判机关的沟通协调，建立健全了常态化的信息共享、案情通报和案件移送制度，严厉打击恶意欠薪犯罪行为。第三，强化企业安全生产主体责任和政府部门监管责任，健全农民工安全生产和职业病危害防治责任体系。加强农民工安全生产和职业卫生培训及考核工作，大力推进安全培训责任体系、教学体系、考试体系、执法体系和信息管理体系建设。

（三）农村劳动力就业培训

针对劳动力转移过程中出现的就业能力相对不足、职业技能有待提高等问题，相关部门建立了一套培训机制，加强农民工职业技能培训，提高就业创业能力和职业素质，鼓励农民工取得职业资格证书和专项职业能力证书。目前，主要培训项目包括：阳光工程、农村劳动力技能就业计划、农村劳动力转移培训计划、星火科技培训[①]等。2017年以来，全国累计开展农民工职业技能培训2 470万人次，贫困劳动力培训665万人次。

2022年，中央财政继续安排经费支持在全国开展高素质农民培育工作。一是实施高素质农民培育计划。坚持"需

[①] 中国政府批准实施的第一个依靠科学技术促进农村经济发展的计划。

求导向、产业主线、分层实施、全程培育"，聚焦全产业链技能水平提高，以培育质量效果提升为关键，以选育用一体化培育为路径，重点推进稳夏粮丰收、大豆油料扩种、东北黑土地保护、重点区域产业带头人培育和职业能力提升等专项培训行动；大力培养高素质农民队伍，为全面推进乡村振兴、加快农业农村现代化提供坚实人才保障。二是推进农业职业教育发展。继续实施百万乡村振兴带头人学历提升计划，开展首届涉农职业院校"名课名师征集活动"。推进乡村振兴人才培养优质校建设，引导职业院校培养农业农村急需实用人才。三是多平台支持农民发展。加强科教云平台建设，完善在线培育和服务功能，为农民搭建云课堂。推进农民培育与金融担保、电商营销等服务相衔接，提供技术、政策、信息等综合性服务。选树高素质农民发展典型，发挥示范引领作用，激发农民参与培训的积极性。

（四）加强农民工创业扶持

目前，随着国内经济发展形势的变化以及农民工就业观念的转变等，农民工返乡创业势头良好。2015年全年中国农民工返乡创业人数达到240万人，各部门专门制定了多种政策鼓励农民工返乡创业。2015年，国务院办公厅下发了《关于支持农民工等人员返乡创业的意见》，要求降低返乡创业门槛，对政府主导、财政支持的农村公益性工程和项目，可采取购买服务、政府与社会资本合作等方式，引导农民工等人员创设的企业和社会组织参与建设、管护和运营，在税收优惠、财政补贴、金融服务等方面都给予鼓励政策。

截至2022年3月，全国返乡入乡创业人数累计达到

1 120多万。其中，70％是返乡创业的农民工，创办项目中80％以上是乡村一二三产业融合项目。在农村创业政策支持上，农业农村部会同有关部门对首次创业、正常经营一年以上的返乡入乡创业人员给予一次性创业补贴，对符合条件的返乡入乡创业人员担保贷款予以贴息，对有意愿的返乡创业人员提供一次创业培训并补贴费用。乡村产业新业态新模式不断涌现，衍生出不少乡村新职业新面孔，进一步增强了乡村发展动能①。

（五）农业人才遴选与培育

一是实施"神农英才"计划。围绕生物育种、智慧农业等事关粮食安全、生物安全、生态安全等关键核心技术领域，国家重点支持和奖励科研机构、高等院校、科技领军企业、新型研发机构等的涉农科技人才。自2022年起每年遴选一批领军英才和青年英才，给予政策、经费等综合支持，力争用5年时间打造一支国际一流的农业科技创新队伍，引领带动农业科技整体实力跨越式提升。

二是实施乡村产业振兴带头人培育。根据中央决策部署要求，自2022年起实施乡村产业振兴带头人培育"头雁"项目。每年原则上为每个县培育10名"头雁"，全国每年培育约2万名，力争用5年时间培育一支10万人规模的乡村产业振兴带头人"头雁"队伍，带动全国500万新型农业经营主体形成"雁阵"，夯实乡村振兴人才基础，为全面推进乡村振兴、加快农业农村现代化提供坚强有力的人才支撑和智力保障。

---

① 央视网. 截至今年3月底全国返乡入乡创业人数累计1 120多万［EB/OL］. https：//sannong.cctv.com/2022/04/27/ARTIqPT30YujkZQmcu0YjVTg220427.shtml.

第八节 农业贸易政策

一、政策背景

在计划经济体制下，中国对农产品贸易实行严格的计划管理，其政策目标主要是出口创汇和调剂余缺。改革开放后，为适应全球经济一体化和贸易自由化的发展趋势，推动农业对外开放和农产品贸易快速发展，中国政府在市场准入、国内农业支持、农产品出口补贴、农业服务领域以及农业贸易谈判等方面采取了相应的政策措施。

二、政策内容

（一）农产品市场准入

中国在加入 WTO 的过程中，对主要农产品关税都做出了减让承诺，并对小麦、大米、玉米、棉花、植物油、食糖、羊毛、天然橡胶等实行关税配额管理。实行关税配额的产品，配额内税率为 $1\% \sim 15\%$，配额外税率最高不超过 65%。加入 WTO 以后，根据 WTO 的要求及入世承诺，中国不断降低农产品关税税率、削减农产品非关税壁垒、减少农产品"黄箱"政策的国内支持措施。另外，中国自 1986 年申请恢复《关税及贸易总协定》（GATT）缔约国地位开始，就一直主动降低农产品进口关税，平均关税水平从 1992 年 46.6% 降低至 2001 年的 21%。

（二）国内农业支持

加入 WTO，中国对农业生产的支持政策主要包括几个方面：对农业生产资料的补贴、中央对农业基本建设的直接投资、支援农村生产支出和各项农业事业费、粮棉油价格补贴及粮食储备补贴、粮食收购企业亏损补贴、主要农产品价格支持制度等。近年来，结合加入 WTO 后的现实国际环境和国内状况，中国不断完善农业对外开放战略布局，统筹农产品进出口，加快形成农业对外贸易与国内农业发展相互促进的政策体系。

（三）农产品出口补贴

2015 年，包括中国在内的 WTO 成员首次承诺，全面取消农产品出口补贴，并限制农产品出口信贷。为了使国内产品在运输成本和税负方面与国际产品保持公平，自 2001 年年底以来主要采取了两项相关政策：一是取消铁路建设基金；二是不断降低大宗谷物出口退税。

（四）农业服务领域

中国加入 WTO 前后，农业对外开放程度逐步提高，目前已成为世界上农产品市场开放程度最高的国家之一。逐步允许外国企业在中国设立从事农业、林业、畜牧业、渔业有关服务的合营企业，允许设立仓储服务的合营企业，允许外国服务企业从事化肥、农药、农膜、成品油的批发和零售。

（五）多双边农业贸易谈判

面对经济全球化快速发展的趋势，中国坚定不移地实施对外开放政策，农业对外开放步伐不断加快，取得了丰硕成果。2001 年中国正式加入 WTO，对近 150 个 WTO 成员开放了农产品市场；2004 年签署了中国-东盟自由贸易区协议，对从东盟国家进口的大部分农产品实行零关税。

目前，中国已先后与国际主要农业和金融组织及 140 多个国家和地区建立农业交流与合作关系，与 80 多个"一带一路"国家签署协议，主办二十国集团、金砖国家、上合组织、中拉、中非农业部长会议等重要活动，农业越发成为外交重要议题和优势资源。农产品贸易额由 2012 年的 1 758 亿美元增至 2020 年的 2 468 亿美元,目前已稳居全球第二大农产品贸易国、第一大进口国、第五大出口国,成为大豆、油菜籽、棉花、猪肉等大宗农产品的全球最大买家。2019 年农业对外投资 79.36 亿美元,比 2015 年增长 117%,投资存量已达 348 亿美元,覆盖 106 个国家。在农业援外方面,向 9 个国家派出 23 个农业援外组、225 人次农业专家,举办 433 期农业援外培训,培训外国农业人员上万人。向联合国粮农组织南南合作信托基金先后进行两期捐款,推动农业技术转移 428 项,使发展中国家上百万小农受益[1]。中国农业与世界农业的联系日益紧密,宽领域、深层次、全方位的农业对外开放新格局正在逐渐形成。

---

[1] 中国驻联合国粮农机构代表处.隋鹏飞:中国农业对外合作发展历程及形势任务[EB/OL]. http://www.cnafun.moa.gov.cn/kx/gn/202107/t20210702_6370933.html.

第九章　中国农业国际合作

改革开放以来，中国农业对外开放程度持续提升，其间中国农业国际合作从最开始的主要派遣农业管理和科技人员到发达国家考察学习为主，之后转为以"引进来"为主，积极引进技术、资金、管理经验与人才，到 2001 年以后，伴随农产品国际贸易快速发展，中国农业开始进入全面对外开放阶段。而近十年来，随着中国经济的快速发展，诸多农业企业在中国政府的支持下开始对外投资。

第一节　中国农业国际合作经验

改革开放初期，中国农业基础设施薄弱，农业资金、技术、人才相当短缺，农业生产发展困难。在这种情况下，中国政府采取多种措施，通过多种渠道引进技术、资金、管理经验，并开展人才交流来促进中国农业生产和农村经济发展。

一、引进技术

中国政府引进了大批先进实用、效益显著的农业生产技术，如地膜覆盖栽培、农业遥感、水稻旱育稀植栽培、高效低毒农药、秸秆氨化、免耕法、无土栽培、人工授精、机械化养鸡、网箱养鱼等技术。此外，在农业作物种植方面还引进了植物病毒原鉴定技术、喷灌节水技术、水果蔬菜保鲜储存技术等；畜牧方面，引进雏鸡雌雄鉴别技术、蛋鸡生产体系技术、畜禽饲养标准及饲料配方、各种新型青贮饲料技术、草场围栏技术、牧草种子丸粒化技术、牛羊胚胎移植技术、兽医生物药品制造方法和检验规程、飞机播种牧草等；水产方面，引进外海尾滑道双拖渔轮的捕鱼技术、河豚钓捕技术、河鳗和牡蛎养殖技术、鱼糜制品加工技术、冬季塑料大棚养殖鳗鱼甲鱼罗非鱼技术等。还从 20 多个国家引进了10 多种动物疫病防治技术，如疯牛病防治技术、禽流感防治技术、马立克氏病防治技术等。

就机械化生产和加工环节而言，在种植业方面，从美国、日本、欧洲等地区引进了农田建设施工机械、喷灌机械、耕作机械、收割机械、常温烟雾以及超低量喷雾施药机械等；在畜牧方面，引进了机械化养鸡、养兔设备，配合饲料加工和饲料添加剂，屠宰设备，奶制品储运、加工、包装等机械设备等；在饲料工业方面，从 10 多个国家和地区引进 200 多台（套）饲料加工设备，配合饲料年生产能力增加到 300 万吨以上；在水产方面，从国外引进渔船、海洋渔业资源调查船，鱼品冷冻加工船，渔用编网机、冷冻机、平板冻结机，鱼粉加工、鱼香肠生产线设备等。此外，还不断引进先进的农业科研仪器，重点装备了各省（自治区、直辖市）农业科学院实验室，大大改善了科研条件和手段，提高了科研教学效果。

二、引进资金

（一）积极争取低息贷款

改革开放初期，中国国内建设资金严重不足，农业投入更为短缺。在这种情况下，多渠道争取和利用世界银行、亚洲开发银行、国际农业发展基金等金融组织的贷款，拓宽了农业投入的资金渠道，改善了政府支农资金的结构，带动了中央、地方、集体和农户自筹配套资金对农业的投入。

（二）吸引外商投资

改革开放之初，受农业投资条件制约，外商直接投资较少，项目的资金规模比较小，一般都在 100 万美元以下。随着中国农村改革的推进，农业投资要求高涨，外商在华投资环境改善，外资加速进入农业领域，外商投资开始涉足水利基础设施建设、种养业、加工业、林业、农业支持服务体系等各个方面。

目前，外商投资项目遍及全国，其中，中国东部地区由于引进投资比较早，数量较多，成效显著，近年来中西部地区近年来外商直接投资数量有所增加。从外商农业投资的领域以及范围来看，几乎涵盖了种植业、林业、水利、畜牧业、渔业的所有领域。从外商农业投资的来源来看，形成以中国香港、澳门、台湾地区以及日本、泰国和韩国投资为主，欧美等发达国家为辅的格局，近年来，对华农业投资的欧美发达国家跨国公司数量有不断增加的趋势。按照联合国贸发会议（UNCIAD）公布的数据显示，从 2016 年至今，中国农业利用外商直接投资的平均规模为 24.56 亿美元，在发展中国家中位居首位[1]，通过利用外资，建立了一大批现代化的独资和合资农业企业，促进了农业产业化经营和农产品出口。

---

[1] 闫永军. 中国农业利用外商直接投资的现状、问题及完善路径 [J]. 对外经贸实务，2020（2）：81-84.

三、引进管理经验

根据世界银行、国际机构和外国兴办农业项目的经验，中国政府对外资农业拨款和兴办商品基地等都采取了立项、可行性调查、设计、评估鉴定、实施及审计等一套科学的程序和管理办法。有的地方学习日本农业协同组合的经验，选点试办股份合作制，建立农民服务社、企业加农户的社会化服务体系。有的地方学习德国农机合作社的经验，把有机器户组织起来开展合作，为无机器户有偿服务，充分提高了机器的利用率。在农业科研方面，吸取国外经验，采取课题项目合同有目标要求的责任制度，更好发挥科研效益，快速产出科技成果。

四、开展人才交流与智力引进

从 1979 年开始，中国政府每年选派专业人员出国考察访问，参加国际会议，了解世界农业发展趋势、科技成就及有关国家的农业政策法令和经营管理状况，此后又逐步派遣青年专业人才出国留学深造，同时也积极邀请国外农业专家、学者来华交流。

第二节　中国农业国际合作内容

一、多边合作

中国积极参与联合国粮农组织、世界粮食计划署（WFP）、联合国开发计划署（UNDP）、国际农业发展基金（IFAD）、国际农业研究磋商组织（CGIAR）、20 国集团（G20）、亚太经合组织（APEC）等国际机构和组织开展的各项活动，并在其中发挥积极影响；与世界银行、亚洲开发银行等主要国际金融机构建立了长期稳定的合作关系。中国已经于2001年加入WTO，并积极参与多哈回合新一轮多边贸易谈判。此外，还参加了国际原子能机构、国际自然及自然资源保护同盟、国际能源委员会、国际渔猎保护协会、国际捕鲸委员会、国际渔船安全委员会、国际养蜂协会、国际橡胶研究和发展委员会、国际食品法典委员会、国际土壤学会、世界动物卫生组织等的活动。

中国农业有关部门积极参加及举办国际机构会议、国际研讨会、国际专家磋商会、国际学术讨论会、国际展览会以及国际经贸洽谈会。先后派团出席了联合国粮农组织大会、国际农业发展基金管理大会、世界粮食计划署执行局会议、国际粮食贸易会议等众多活动。此外，协调并参与组织了在华召开的很多重要会议，成功主办了联合国粮农组织亚太区域大会、世界粮食理事会会议、国际农业研究磋商组织年会、国际棉花会议、世界草原大会等。

二、双边合作

在全球化趋势下，中国与亚非国家的农业合作逐渐深入，与相关国家建立了农业合作机制。与此同时，积极发展同世界上其他大洲的国家和地区尤其是发达国家和地区的农业合作关系。

中国还积极与沿线国家开展农业合作，在双边合作机制下，通过不同形式的访问、科技团组织活动和交流，经贸关系日益密切，为资金引进、农产品贸易往来扩宽创造了有利条件。

三、区域合作

20 世纪 90 年代后期起，中国积极开展区域国际农业合作，如参与中欧、中非、亚太经济合作组织合作论坛的各项活动；在东盟与中国"10＋1"机制、东盟与中日韩"10＋3"机制及亚洲合作对话（ACD）中寻求合作共识，签署农业合作协议；在上海合作组织农业合作、大湄公河次区域农业合作、中东欧农业合作、亚欧农业合作、中亚区域经济合作、中非农业合作及中日韩等活动中承担着重要角色；金砖国家合作；深化中日韩合作机制，推动东盟和中日韩大米晋级储备协定签署等。

第三节　中国农业国际合作：以非洲国家为例

一、中非国家农产品贸易概况

中非之间的农产品贸易活动近年来得到了快速发展。进入 21 世纪以来，随着南南合作进程的推进和中非合作论坛的成立，以及一系列免关税待遇政策的施行，中非之间的农产品贸易数量和范围都呈现出不断增长和扩大的态势[①]。

中非农产品贸易的绝对总额逐年增加，且增长幅度较大，由 1992 年的 6.8 亿美元增长至 2020 年的 75.9 亿美元，增长了约 10 倍，这种增长的态势在中国加入 WTO 之后表现得更为明显，贸易总额年均增长率由 1992—2000 年的－0.003％

[①]　李昊，黄季焜. 中非农产品贸易：发展现状及影响因素实证研究［J］. 经济问题探索，2016（4）：142-149.

增长至 2001—2020 年的 13%，其中中国自非洲农产品进口额由 1.9 亿美元增至 42.6 亿美元，年均增长 16.8%①。非洲的柑橘、芝麻、可可已占到中国同类产品进口量的一半以上。中国从非洲农产品进口量明显扩大，出现长期的贸易逆差。

整体而言，中非农业贸易面临前所未有的发展机遇。未来，中国对非洲农产品的进口将进一步增加，双方优势互补的效果将进一步显现。随着中非推进基础设施互联互通领域的合作，制约非洲农业发展以及中非农业合作的基础设施瓶颈将得到有效缓解，非洲农业发展潜力将得到极大释放。

二、对非洲国家的农业援助

（一）对外援助成果

中国将促进发展中国家的农业和农村发展、消减贫困作为对外援助的优先领域。对外农业援助内容主要包括：建设农场、农业技术示范中心、农业技术试验站和推广站，兴建农田水利工程，提供农机具、农产品加工设备和相关农用物资，派遣农业技术人员和高级农业专家传授农业生产技术和提供农业发展咨询，为受援国培训农业人才等。中国援建的农业项目促进了受援国农业生产的发展，增加了粮食和经济作物的产量，并为发展轻工业提供了原料。

多年来，中国和非洲国家在农业领域合作成效显著。自2006 年中非合作论坛北京峰会以来，中非农业高层互访不断加强，合作方式日益多样，各项援非举措落实良好，农产

---

① 光明网．中非农产品贸易额 20 年增长超 11 倍［EB/OL］．https：//m. gmw. cn/2021 - 09/28/content_1302615806. htm? source＝sohu? source＝sohu.

品贸易领域合作也取得健康稳定发展。2006 年 10 月中非合作论坛北京峰会宣布了援非八项举措，其中涉及农业的举措包括在非洲建立 10 个有特色的农业技术示范中心；向非洲派遣 100 名高级农业技术专家；为非洲培训培养 1 500 名农业人才，即"十百千工程"。2009 年 11 月中非合作论坛第四届部长级会议宣布了新的援助非洲八项政策措施：三年内将在非洲建立的农业技术示范中心增至 20 个（实际援建 25 个）、向非洲派遣 50 个农业技术组和为非洲国家培训 2 000 名农业技术人员。2012 年以来，在华培训非洲农业学员 7 456 人次；通过实施援非百名农业专家、援非农业专家组等项目，培训非洲当地人员 5 万余人次，建成 23 个农业示范中心；中国与 23 个非洲国家及地区组织建立农业合作机制，签署了双多边农业合作文件 72 项。

2015 年在南南合作圆桌会上，习近平主席宣布，为帮助发展中国家发展经济、改善民生，未来 5 年中国将向发展中国家提供"6 个 100"项目支持，其中包括 100 个减贫项目，100 个农业合作项目，100 个促贸援助项目，100 个生态保护和应对气候变化项目，100 所医院和诊所，100 所学校和职业培训中心①。其中，非洲是中国农业合作的重点区域。

2019 年中非举办首届中非农业合作论坛，成立中国-非盟农业合作委员会，制定并实施中非农业现代化合作规划和行动计划，助力非洲实现农业现代化，推动农业升级，改善农业基础设施等，实施 50 个农业援助项目，向

---

① 中国网. 习近平主席联合国发展峰会讲话彰显大国责任和担当［EB/OL］. http：//news. china. com. cn/txt/2015－09/28/content_36700950. htm.

非洲派遣 500 名高级农业专家，培养农民致富带头人；共同推动中非农业领域合作机制化，定期举办中非农业合作论坛，深化中非农业领域人力资源合作和农业科研机构"10＋10"合作，帮助非方培养青年农业科研领军人才。截至 2020 年年底，中国在非农业投资企业超 200 家，涉及非洲国家共 35 个，投资范围涵盖种植、养殖和农产品加工等各产业①②。同时，中国政府还积极参与联合国粮农组织"粮食安全特别计划"框架下的南南合作，目前中国已向尼日利亚、加纳等非洲国家派遣近千名农业专家和技术员。通过实施南南合作项目，中国农业专家和技术员在农田水利、农作物生产、畜牧水产养殖和农产品加工等领域向受援国示范推广实用农业技术千余项，培训各类人员超过 10 万人次，带动项目区水稻、玉米、水果、蔬菜等农作物平均增产 30％～60％，为当地农业技术水平的提高和农业生产能力的增强做出了积极贡献，得到东道国的广泛欢迎和联合国粮农组织的高度赞誉。

（二）对外援助模式

一是在双边合作机制下，开展双边技术合作；二是以中非合作论坛为契机，建立农业技术示范中心、派遣农业技术专家、开展人力资源合作与培训；三是在多边合作机制下，与联合国粮农组织共同开展多边南南合作；四是开展作物育种等方面的技术合作。

---

① 中国政府网．《新时代的中国国际发展合作》白皮书［EB/OL］. https：//www. gov. cn/zhengce/2021－01/10/content＿5578617. htm.

② 国家国际发展合作署．中非合作论坛——北京行动计划（2019—2021 年）［EB/OL］. http：//www. cidca. gov. cn/2018－09/07/c＿129949203. htm.

（三）对外援助具体内容

双边技术合作。中国与部分非洲国家开展了多种形式的双边农业技术合作，为非洲农业发展提供了强有力的技术支持，如塞拉利昂水稻种植技术示范、莫桑比克腰果病虫害综合防治、埃及水产养殖实验室建设、尼日利亚农业机械展、埃塞俄比亚杂交谷子种植示范、埃塞俄比亚农业职业技术教育等项目。据不完全统计，截至 2018 年，中国对非洲的双边援助项目总额已经超过 1 206 亿元。

示范中心项目。在 2006 年第三届中非合作论坛上，中国政府宣布在非洲援建 10 个农业技术示范中心，目前已经增加至 25 个。作为中非农业合作的新形式，农业技术示范中心的运作分为立项、建设、技术合作和商业运营等几个阶段。每个示范中心的资金投入为 4 000 万元左右，援建单位主体形式多样，有国有企业、民营企业、科研院校、农垦集团，还有企业与科研院所联合等。在技术援助形式上，示范中心主要有建设基础设施、建设试验田或者养殖基地，以及提供技术服务等形式，通过开展品种试验、专业技术培训、发展农业生产等多种途径推广农业技术。

专家和农技组派遣工作。根据农业部 2015 年的统计，在南南合作框架下，中国累计向非洲国家派遣了 103 名高级农业专家和 50 个农业专家组。农业专家组结合各国农业发展实际需求，有针对性地开展技术合作，通过与当地农业部门和科研机构的合作，有效促进技术转移，培训当地农民超过 2 万人次，均取得了很好的成效。例如，中国农业专家组在塞内加尔开展了水稻、蔬菜、农业机械等领域的技术试验和推广工作；在津巴布韦开展了水稻、畜牧、小麦等的品种试验和示范推广；在埃塞俄比亚开展了动物疫病防治、小麦、马铃薯种植试验示范等工作。

2018 年农业农村部国际交流服务中心又陆续派出 4 个高级农业专家组分赴吉布提、津巴布韦、埃塞俄比亚和莫桑比克，开展为期 3 年的农业技术援助工作。援吉布提高级农业专家组推动吉布提农业部高质量建成 2 500 平方米的海水养殖示范基地，成功实施石斑鱼人工养殖试验，填补吉布提海水养殖领域的技术空白；援津巴布韦高级农业专家组试点建立第一个中津农业合作示范村，实施土种鸡选育、养兔、玉米种植等产业化开发项目，3 年时间带领示范村 106 名农户实现户均年收入 1 150 美元，增幅达 52%；援埃塞俄比亚高级农业专家组实施"埃塞俄比亚食用菌发展 1550 计划"，建成"埃塞俄比亚国家食用菌菌种资源发展中心"和"埃塞俄比亚国家食用菌技术培训中心"，发展 5 个食用菌领域示范点，并对其中 50 个食用菌典型示范户进行技术指导，示范户户均收入净利润达 1 800 万比尔（合 4.4 万元人民币），为埃塞俄比亚累计培训技术人员和农民 1 518 人次；援莫桑比克高级农业专家组 3 年间共开展相关试验示范 70 多项，包括水稻高产示范 3 500 平方米，最高产量每公顷约 11 吨，超过莫桑比克水稻平均产量的 6 倍，助力莫桑比克水稻产业发展[①]。在 2018 年召开的中非合作论坛中制定的《中非合作论坛——北京行动计划（2019—2021 年）》中，中方将与非洲共同制定并实施中非农业现代化合作规划和行动计划，实施 50 个农业援助项目，向非洲受灾国家提供 10 亿元紧急人道主义粮食援助，向非洲派遣 500 名高级农业专

---

① 新浪财经. 凝心聚力　打造中国农业援外品牌［EB/OL］. https：//finance. sina. com. cn/jjxw/2021－10－26/doc－iktzqtyu3536700. shtml.

家，培养农民致富带头人。

人力资源培训合作。 2012 年以来，在华培训非洲农业学员 7 456 人次；通过实施援非百名农业专家、援非农业专家组等项目，培训非洲当地人员 5 万余人次，涉及种植、养殖、农技推广、现代农业管理、杂交水稻和农业机械新技术、生物能源技术等各领域。中国与联合国粮农组织在南南合作框架下，通过南南合作信托基金还开展了针对发展中国家的技术培训、研讨等能力建设活动，同时不定期邀请与中国开展南南合作的东道国政府官员和技术专家来华交流考察，促进双方合作。中国企业和科研单位也通过开展多双边培训以及作物高产示范等多种形式与非洲国家开展技术合作，筛选出了大量适合当地的作物品种，收到了良好效果，提高了当地作物产量，给当地农民带来了良好的经济效益。

图书在版编目（CIP）数据

中国农业发展概况 / 农业农村部国际交流服务中心
编著. —2 版. —北京：中国农业出版社，2023.12
（涉外培训教材系列丛书）
ISBN 978-7-109-31164-0

Ⅰ.①中… Ⅱ.①农… Ⅲ.①农业经济发展－研究－
中国 Ⅳ.①F323

中国国家版本馆 CIP 数据核字（2023）第 179678 号

中国农业出版社出版
地址：北京市朝阳区麦子店街 18 号楼
邮编：100125
责任编辑：郑　君
版式设计：王　晨　　责任校对：吴丽婷
印刷：北京印刷一厂
版次：2023 年 12 月第 2 版
印次：2023 年 12 月第 2 版北京第 1 次印刷
发行：新华书店北京发行所
开本：889mm×1194mm　1/32
印张：5.5
字数：121 千字
定价：58.00 元
